建设工程项目管理前沿丛书
Construction Project Management Frontier Series
英国皇家特许测量师学会(RICS)指定项目管理专业系列教材
RICS Specified Series of Teaching Materials for Project Management

建设项目前期策划与设计过程项目管理

主　编：乐　云
副主编：朱盛波
主　审：梁士毅

中国建筑工业出版社

图书在版编目(CIP)数据

建设项目前期策划与设计过程项目管理/乐云主编.
北京：中国建筑工业出版社，2009（2021.2重印）
建设工程项目管理前沿丛书. 英国皇家特许测量师
学会(RICS)指定项目管理专业系列教材
ISBN 978-7-112-11211-1

Ⅰ. 建… Ⅱ. 乐… Ⅲ. 基本建设项目-项目管理-教材
Ⅳ. F284

中国版本图书馆 CIP 数据核字（2009）第 151919 号

责任编辑：牛　松
责任设计：张政纲
责任校对：刘　钰　王雪竹

建设工程项目管理前沿丛书
Construction Project Management Frontier Series
英国皇家特许测量师学会(RICS)指定项目管理专业系列教材
RICS Specified Series of Teaching Materials for Project Management

建设项目前期策划与设计过程项目管理
主　编：乐　云
副主编：朱盛波
主　审：梁士毅
*
中国建筑工业出版社出版、发行（北京西郊百万庄）
各地新华书店、建筑书店经销
北京天成排版公司制版
北京建筑工业印刷厂印刷
*
开本：787×960 毫米　1/16　印张：12¼　字数：248 千字
2010 年 1 月第一版　　2021 年 2 月第六次印刷
定价：**28.00 元**
ISBN 978-7-112-11211-1
　　（18414）

版权所有　翻印必究
如有印装质量问题，可寄本社退换
（邮政编码　100037）

序一

Foreword

I am delighted to introduce this important series of texts, which form the core material for the adaptation route leading to RICS membership through the Project Management pathway.

Project management is a professional discipline in ever-increasing demand throughout the world's construction markets. The ability to deliver complex developments on time, to the highest standards, and within budget, is highly valued in what is arguably the world's biggest industry.

Congratulations are due to everyone involved in creating this suite of learning materials. It shows how much can be achieved through committed cooperation among the partners in the SCCA-TONGJI-RICS Learning Center.

My best wishes for every success go to all who use these texts.

Louis Armstrong CBE
Chief Executive, RICS
February 2009

序一(译)

我很乐意推荐这套专业系列教材，它是 RICS 项目管理专业路径通过衔接途径通向 RICS 会员的核心教材。

项目管理是在需求持续增长的全球建筑市场中的一个专业学科，在毋庸置疑的全球最大的行业中，它的能够及时传递综合进展情况、维持最高标准以及严格把控预算的能力得到了高度评价。

在此祝贺所有创造了这套学习材料的参与者。它展示出上海市建设工程咨询行业协会—同济大学—英国皇家特许测量师学会学习中心的合作伙伴通过亲密无间地合作所能够产生的巨大效应。

也衷心祝愿所有学习这套教材的人能从中受益，走向成功。

路易斯·阿姆斯特朗　爵士
RICS 首席执行官
2009 年 2 月

译者：吴叶秋

序二

上海市建设工程咨询行业协会-同济大学-RICS 学习中心策划的《建设项目前期策划与设计过程项目管理》、《建设项目计划与控制》、《建设项目风险管理》、《建设管理信息化》和《工料测量的理论与实践》五本专业系列教材,为首套正式出版的全球通用的 RICS 衔接途径 3 项目管理路径入会的专业系列教材。

该专业系列教材立足于《RICS 专业胜任能力要求》及《RICS 行为准则、指南及职业道德指导》,注重研究项目管理前沿和国际化趋势并迎合了中国本地专业发展需求。

该专业系列教材通过大量的案例分析,一定会使学员和读者深入理解理论知识、掌握扎实的理论功底。我相信 RICS 衔接途径 3 课程的开发将加速 RICS 在中国的发展。该专业系列教材杰出的编写团队全为 RICS 会员和资深会员,在此,我对为这套专业系列教材的诞生所付出努力工作的所有相关人员表示由衷的祝贺、褒扬、钦佩和敬意。

李　旭
英国皇家特许测量师学会首任中国分会主席
2009 年 2 月

序三

近十年来，中国建筑业迅猛发展，建筑工程咨询行业从业人员进入高速发展阶段，实践能力强、求知欲旺盛、年轻化成为其主要特点。各国投资主体、施工企业及咨询公司都需要通晓内外的优秀的工程项目管理专家，与国际接轨成为必然。RICS(Royal Institution of Chartered Surveyor)——英国皇家特许测量师学会，是世界最大的房地产、建筑、测量和环境领域的综合性专业团体，是为全球广泛认可的拥有"物业专才"之称的世界顶级专业性学会，多年来在国际上享有盛誉，更是许多资深专业人士渴望加入的国际专业测量师组织。

本系列教材是针对RICS的项目管理专业所编写的，对想加入RICS的专业人士有一定的指导作用。目前学界尚无针对RICS特许测量师学会入会的专业辅导教材，本系列教材尚属首例，它的出版正好填补了这一空缺。目前，中国建筑工程领域专才共有三条途径加入RICS学会：资深专业人士路径(Senior Professional Route)、衔接路径(Adaptation Route)以及毕业生路径(Graduate Route)。其中，衔接路径分成3个选项，其中衔接路径1(A1)和衔接路径3(A3)面向中国的专业人士开放，衔接路径2(A2)适用于欧洲。衔接路径1属大学理论体系，适用于具备十年及以上工作经验的学士学位获得者；衔接路径3则是国外与国内相互融合、理论与实践有机结合，适合具备一定理论基础和5年以上相关工作经验的专业人士。

本系列教材体现了国际项目管理领域最新发展水平，特别是英联邦国家成熟理论知识，带有RICS鲜明特点，对引入国际水平的先进理论知识具有重要意义。教材内容理论结合实践，理论体系的构建符合中国国情，基本概念准确精练，着重加大了实践方面的内容。实践部分根据各门课程教学内容的不同表现为案例分析、流程图设计、实用表格等各种形式。

SCCA-TONGJI-RICS 学习中心由上海市建设工程咨询行业协会、同济大学建设管理与房地产系和 RICS 特许测量师学会联合创办，提供国内相关专业人士 RICS 特许测量师学会入会咨询和专业化辅导培训。本系列教材正是配合 SCCA-TONGJI-RICS 学习中心的相关课程编写，针对其中的六个重要模块分别编写了 5 本相关教材。

1.《建设项目前期策划与设计管理》
主编：乐云，副主编：朱盛波，主审：梁士毅。
2.《建设项目进度计划与控制》
主编：龚花强，副主编：邓建勋、周双海，主审：乐云。
3.《建设项目风险管理》
主编：孙占国，副主编：徐帆，主审：徐绳墨。
4.《工料测量的理论与实践》
主编：郑有坚，副主编：王伟庆、朱坚，主审：王伟庆。
5.《建设管理信息化》
主编：何清华，副主编：李永奎、彭勇，主审：包晓春。
关于其他模块的后续教材也将会陆续编写。

本系列教材各分册的作者均是来自企业界和高校的工程管理界资深专家。他们长期参与工程项目管理实践和教学工作，有丰富的现场管理经验，学术水平高，为本教材的编撰工作提供了深厚的理论及实践基础。

本系列教材读者对象除了需要通过 RICS 专业胜任能力评核（APC）加入 RICS 的专业人士之外，还包括希望了解国际惯例的专业人士、政府主管人员、大型项目业主人员、监理公司和咨询机构人员、高校各学历层次相关专业师生以及其他从事项目管理的专业人员等。针对读者对象，全套教材在编写过程中更为注重易读性和实用性，满足学员及读者需要，通过大量的案例分析，使学员和读者深入理解理论知识，掌握扎实的理论功底，并具有解决实际问题的能力。

孙占国

上海市建设工程咨询行业协会副会长兼秘书长
2009 年 2 月

前言

RICS(Royal Institution of Chartered Surveyor)——英国皇家特许测量师学会，是世界最大的房地产、建筑、测量和环境领域的综合性专业团体，是为全球广泛认可的拥有"物业专才"之称的世界顶级专业性学会。

作者荣幸地受邀主持编写RICS项目管理专业系列培训教材其中的一本——《建设项目前期策划与设计过程的项目管理》。本教材在编写中特别注重以下几个方面：

1. 注重概念的准确性。对项目策划、设计过程项目管理等概念进行全面、详细的论述，力图澄清目前在这两个领域中容易模糊和误解的观念，用尽可能清晰的语言和深入的剖析来阐述理论框架。

2. 注重研究前沿和国际化趋势。介绍国内项目管理理论相关研究的前沿、国际项目管理相关理论体系及其今后发展的趋势。

3. 注重理论结合实际。工程项目管理是实践性很强的一门课程，好的教材应该是长期实践经验的积累和总结，是理论结合实际的产物。通过大量案例教学，让学生理解和掌握扎实的理论。

4. 注重读者对象和读者的需求。本教材主要读者对象为RICS项目管理专业培训的学生，要兼顾从事项目管理工作领域的不同对象的需求，因此在教材中大量引用了作者曾亲身经历的建设工程项目作为案例。作者曾在大学给本科生、硕士生、博士生以及MBA、EMBA、MPA和工程硕士讲授了多年项目管理课程，本教材即以作者的项目管理课程部分教案为蓝本。

5. 本书作者中有来自于咨询企业的项目管理专家，有着长期、丰富的项目管理实践经验，并与政府、行业协会和兄弟企业有着长期友好合作关系，在业内深有影响，其所作的各种报告、演讲深受不同行业各类听众欢迎，目前已经形成一套独具特色的方法体系。

本教材主编由同济大学经济与管理学院建设管理与房地产系主任乐云教授担任，副主编由上海现代工程咨询有限公司总工程师朱盛波教授级高级工程师担任，上海现代工程咨询有限公司总经理梁士毅教授级高级工程师担任主审。参编人员有何清华、李永奎、彭勇、罗晟、王盛文等，硕士研究生尹币、朱玉兵等在教材编写过程中做了大量的工作，文婧、王财风参与了编写工作。特别感谢上海市建设工程咨询行业协会、同济大学经济与管理学院建设管理与房地产系、上海现代工程咨询有限公司以及上海科瑞建设项目管理有限公司在本教材编写过程中提供的大力支持。

由于作者水平所限，疏漏甚至谬误之处在所难免，恳请广大读者、专家提出批评、指正，以期能更好地为我国的项目管理教育事业服务。

编者

2009 年 2 月，上海

目录

1 项目前期策划 ……………………………………………………………… 1

 1.1 项目前期策划的概念 …………………………………………………… 1
  1.1.1 项目前期策划的必要性 …………………………………………… 1
  1.1.2 项目前期策划的定义 ……………………………………………… 3
  1.1.3 项目前期策划的任务 ……………………………………………… 4
  1.1.4 项目前期策划的方法 ……………………………………………… 5
 1.2 环境调查与分析 ………………………………………………………… 7
  1.2.1 环境调查与分析的对象 …………………………………………… 8
  1.2.2 环境调查与分析的方法 …………………………………………… 14
  1.2.3 环境调查的工作成果分析 ………………………………………… 19
 1.3 项目决策策划 …………………………………………………………… 20
  1.3.1 项目产业策划 ……………………………………………………… 20
  1.3.2 项目功能策划 ……………………………………………………… 21
  1.3.3 项目经济策划 ……………………………………………………… 26
  1.3.4 项目组织与管理总体方案 ………………………………………… 40
  1.3.5 项目设计要求文件 ………………………………………………… 41
 1.4 项目实施策划 …………………………………………………………… 41
  1.4.1 项目实施的目标分析和再论证 …………………………………… 42
  1.4.2 项目组织策划 ……………………………………………………… 42
  1.4.3 项目目标控制策划(项目管理制度) ……………………………… 47

2 设计过程项目管理 ………………………………………………………… 53

 2.1 设计过程项目管理概述 ………………………………………………… 54

2.1.1	设计过程的特点	54
2.1.2	设计过程的阶段划分	56
2.1.3	设计过程的专业划分	59
2.1.4	设计过程的项目管理类型	62

2.2 设计过程项目管理 …… 65

2.2.1	设计过程项目管理的质量控制	65
2.2.2	设计过程项目管理的进度控制	67
2.2.3	设计过程项目管理的投资控制	69

2.3 设计任务委托及设计委托合同结构 …… 72

2.3.1	设计招标与设计竞赛	72
2.3.2	设计委托合同结构	73
2.3.3	中外合作设计	76

2.4 设计要求文件 …… 79

2.4.1	设计要求文件依据	79
2.4.2	设计要求文件的概念	81
2.4.3	设计要求文件的内容	82

2.5 设计委托合同 …… 85

2.5.1	设计委托合同标准文本	85
2.5.2	设计委托合同条款的分析	90

2.6 设计协调 …… 94

2.6.1	设计协调的内涵和内容	94
2.6.2	设计协调的方法	97

2.7 设计专业保险 …… 98

3 案例资料 …… 101

3.1 项目前期策划案例 …… 101

3.1.1	环境调查与分析	101
3.1.2	项目决策策划—项目产业策划	105
3.1.3	项目决策策划—项目功能策划	113
3.1.4	项目决策策划—项目经济策划	119
3.1.5	项目实施策划	131

3.2 设计过程项目管理案例 …… 159

3.2.1 设计过程项目管理 ·· 159
3.2.2 设计委托及合同管理 ·· 168
3.2.3 设计要求文件 ·· 173
3.2.4 价值工程的应用 ··· 177

1 项目前期策划

项目前期策划是项目管理重要的组成部分。众多项目的实践证明，科学、严谨的项目前期策划是项目管理决策和实施增值的基础。根据策划目的、时间的不同，项目前期策划分为项目决策策划与项目实施策划。项目决策策划在项目决策阶段进行，为项目的决策服务，主要研究项目做什么、为什么要做的问题，又称为项目决策评估；项目实施策划在项目实施阶段的前期进行，为项目的实施服务，主要研究项目如何实施，又称为项目实施评估。其中产业策划、功能策划和经济策划是项目决策策划的重点，组织策划、合同策划和信息策划是项目实施策划的重点。本章内容包括项目前期策划的概念，项目环境调查与分析，项目决策策划，以及项目实施策划的概念、内容与工作方法。

1.1 项目前期策划的概念

1.1.1 项目前期策划的必要性

我国项目一般遵循图 1-1 所示的基本程序。

项目立项之前称为项目决策阶段，其主要工作包括项目建议书和可行性研究报告的编制；立项之后称为项目实施阶段，其第一项工作为设计要求文件的编写。项目前期的时间范畴涵盖从项目意图产生开始的项目决策阶段全过程至设计要求文件提出为止的项目实施阶段。在项目前期，国家规定的基本程序包含项目建议书、可行性研究报告两项工作。

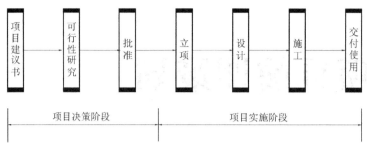

图 1-1　项目基本程序

"项目建议书是中方投资者向审批机关上报的文件，主要是从宏观上论述项目设立的必要性和可能性，是立项的依据。其内容包括：对拟建项目的目的、投资方式、生产条件与规模、中方投资金额及投入方式、资金来源、市场前景和经济效益等方面做出的初步测算和建议。项目建议书经审批机关批准后，才能进行以编制可行研究报告为中心的各项工作。"[1]即按规定，项目建议书要回答"为什么要做、做什么、预计投资多少、多长时间回收投资、投资效益如何"等关乎项目前期决策的重要问题。但是就目前实际情况来看，项目建议书往往寥寥数页，没有或没有足够的深度对以上问题进行研究。

"可行性研究的任务是根据国民经济长期规划和地区规划、行业规划的要求，对建设项目在技术、工程和经济上是否合理和可行，进行全面分析、论证，作多方案比较，提出评价，为编制和审批设计要求文件提供可靠的依据。"[2]可行性研究编制完成后，将按隶属关系由各主管部、各省、市、自治区、国家行政主管部门预审或审批，经批准的可行性研究报告是确定项目立项、编制设计文件的依据。因此，可行性研究是项目前期工作的重要内容，是项目基本程序的组成部分。然而在项目实践中，以可行性研究作为审批依据存在不少问题。首先，由于可行性研究往往是为了立项和报批而做，导致可行性研究变成可批性研究，其真实性、可靠性和科学性值得怀疑；其次，由于前期环境调查和分析不足，可行性研究往往拘泥于经济分析和技术分析，其分析的广度和深度有限，导致可行性研究在项目定位、实施战略等决策上存在不足。

项目前期是项目主持方构建项目意图、明确项目目标的重要阶段，是制定项

---

[1]《关于编制、审批境外投资项目的项目建议书和可行性研究报告的规定》，原国家计委（国发［1991］13号文）

[2]《建设项目进行可行性研究的试行管理办法》，原国家计委（计资【1983】116号）

目管理实施方案，明确项目管理工作任务、权责和流程的重要时期。由于我国项目基本程序规定的项目建议书、可行性研究存在上述不足，所以项目主持方在完成项目建议书、可行性研究的同时，更需要在项目前期回答为什么要做、做什么以及怎么做等问题，为项目的决策和实施提供全面完整的、系统的计划和依据。项目前期策划就是把项目意图转换成定义明确、目标清晰且具有强烈可操作性的项目策划文件的活动过程。其意义在于前期策划的工作成果能使项目的决策和实施有据可依；在项目决策阶段，针对项目意图明确项目的定义、功能和规格，构建项目的质量、成本和进度目标，提出项目的估算、融资和经济评价方案；在项目实施阶段，针对任何一个阶段、任何一个方面的工作都经过事先分析和计划，既具体入微，又不失其系统性，不会有无谓的重复浪费，也不会有严重的疏漏缺失，使项目实施的目标、过程、组织、方法、手段等都更具系统性和可行性，避免项目实施的随意和盲目。

目前，我国的大部分建设工程项目并没有进行严格、全面的项目策划，国家对项目前期策划的内容和工作程序没有明确的规定，项目前期策划的工作时间和内容与国家的基本建设程序不完全对应，大多是根据项目投资方的需要分项、分阶段对项目的某个方面进行策划，策划工作缺乏系统性。同时由于在项目前期，作为项目重要参与方的设计单位和施工单位还没有介入，项目前期的策划工作只能由项目主持方承担或委托专业咨询单位承担，因此非常有必要对项目前期策划进行系统的理论研究和实践总结。

1.1.2 项目前期策划的定义

项目前期策划是指**在项目前期，通过收集资料和调查研究，在充分占有信息的基础上，针对项目的决策和实施，进行组织、管理、经济和技术等方面的科学分析和论证**。这能保障项目主持方工作有正确的方向和明确的目的，也能促使项目设计工作有明确的方向并充分体现项目主持方的项目意图。项目前期策划根本目的是为项目决策和实施增值。增值可以反映在项目使用功能和质量的提高、实施成本和经营成本的降低、社会效益和经济效益的增长、实施周期缩短、实施过程的组织和协调强化以及人们生活和工作的环境保护、环境美化等诸多方面。

项目策划根据其所针对的对象不同，分为成片土地开发项目策划、单体建筑项目策划等。根据策划的内容不同，也可以分为不同类型，但从策划的目的、内容和作用来分，最重要的是以下两类：项目决策策划和项目实施策划（图1-2）。

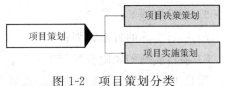

图1-2 项目策划分类

其中，项目决策策划和项目实施策划工作的首要任务都是项目的环境调查与分析。

1.1.3 项目前期策划的任务

1. 项目决策策划的任务

项目决策策划最主要的任务是定义开发或者建设什么及其效益和意义如何。具体包括明确项目的规模、内容、使用功能和质量标准，估算项目总投资和投资收益以及项目的总进度规划等问题。

项目决策策划一般包括以下六项任务。根据具体项目的不同情况，策划文件的形式可能有所不同，有的形成一份完整的策划文件，有的可能形成一系列策划文件。

1) 建设环境和条件的调查和分析；
2) 项目建设目标论证与项目定义；
3) 项目功能分析与面积分配；
4) 与项目决策有关的组织、管理和经济方面的论证与策划；
5) 与项目决策有关的技术方面的论证与策划；
6) 项目决策的风险分析。

2. 项目实施策划的任务

项目实施策划最主要的任务是定义如何组织开发和建设该项目。由于策划所处的时期不同，项目实施策划的任务重点和工作重心以及策划的深入程度与项目决策阶段的策划任务有所不同。项目实施策划要详细分析实施中的组织、管理和协调等问题，包括如何组织设计、如何招标、如何组织施工、如何组织供货等问题。

项目实施策划的基本内容如下：

1) 项目实施环境和条件的调查与分析；
2) 项目目标的分析和再论证；
3) 项目实施的组织策划；
4) 项目实施的管理策划；
5) 项目实施的合同策划；
6) 项目实施的经济策划；
7) 项目实施的技术策划；
8) 项目实施的风险分析与策划等。

项目决策和项目实施两阶段的策划任务可以归纳如表 1-1 所示。

项目决策和项目实施两阶段的策划任务表　　　　表 1-1

策划任务	项目决策阶段	项目实施阶段
环境调查和分析	项目所处的建设环境，包括能源供给、基础设施等；项目所要求的建筑环境，其风格和主色调是否和周围环境相协调；项目当地的自然环境，包括天气状况、气候和风向等；项目的市场环境、政策环境以及宏观经济环境等	建设期的环境调查和分析需要调查分析自然环境、建设政策环境、建筑市场环境、建设环境（能源、基础设施等）和建筑环境（风格、主色调等）
项目定义和论证	包括项目的开发或建设目的、宗旨及其指导思想；项目的规模、组成、其功能和标准；项目的总投资和建设开发周期等	需要进行投资目标分解和论证，编制项目投资总体规划；进行进度目标论证，编制项目建设总进度规划；需要进行项目功能分解、建筑面积分配，确定项目质量目标，编制空间和房间手册等
组织策划	包括项目的组织结构分析、决策期的组织结构、任务分工以及管理职能分工、决策期的工作流程和项目的编码体系分析等	确定业主实施期间的组织结构、任务分工和管理职能分工；确定业主项目管理班子的组织结构、任务分工和管理职能分工
管理策划	制定建设期管理总体方案、运行期管理总体方案以及经营期管理总体方案等	确定项目实施各阶段的项目管理工作内容，包括投资控制、进度控制、质量控制、合同管理、信息管理和组织协调；确定项目管理工作流程，建立编码体系
合同策划	策划决策期的合同结构、决策期的合同内容和文本、建设期的合同结构总体方案等	确定方案设计竞赛的组织，确定项目管理委托的合同结构，确定设计合同结构方案、施工合同结构方案和物资采购合同结构方案，确定各种合同类型和文本的采用
经济策划	进行开发或建设成本分析、开发或建设效益分析；制定项目的融资方案和资金需求量计划等	项目实施的经济策划包括编制资金需求量计划，进行融资方案的深化分析
技术策划	包括技术方案分析和论证、关键技术分析和论证、技术标准和规范的应用和制定等	对技术方案和关键技术进行深化分析和论证，明确技术标准和规范的应用和制定
风险分析	对政治风险、政策风险、经济风险、技术风险、组织风险和管理风险等进行分析	进行政治风险、政策风险、经济风险、技术风险、组织风险和管理风险分析。确定项目风险管理与工程保险方案

1.1.4　项目前期策划的方法

项目前期策划的基础是充分占有信息和资料，信息和资料既包括项目有关环境和条件的调查，也包括类同项目经验与教训的分析。项目前期策划的任务是针对项目决策和实施，进行组织、管理、经济和技术等多方面的分析和论证，因此需要对多方面的人才、知识进行组织和集成。归纳起来，项目前期策划的方法具有以下几个特点。

1. **重视项目自身环境和条件的调查**

任何项目、组织都是在一定环境中从事活动，环境的特点及变化必然会影响项目发展的方向、内容。可以说，项目所面临的环境是项目生存发展的土壤，它既为项目活动提供必要的条件，同时也对项目活动起着制约的作用。因此必须对项目环境和条件进行全面、深入的调查和分析。只有在充分的环境调查与分析基础上进行策划，才有可能获得一个实事求是、优秀的策划方案，避免夸夸其谈、形式主义的空谈。这是项目策划最主要的方法。

2. **重视类同项目经验和教训的分析**

项目策划是对拟实施项目的一种早期预测，因此类同项目的经验和教训就显得尤为重要。对国内、国外类同项目的经验和教训的全面、深入的分析，是环境调查和分析的重要方面，也是整个项目策划工作的重要部分，应贯穿项目策划的全过程。

3. **坚持开放型的工作原则**

项目前期策划需要整合多方面专家的知识，以建设工程项目为例，项目前期策划需要的知识包括组织知识、管理知识、经济知识、技术知识、设计经验、施工经验、项目管理经验和项目策划经验等。项目前期策划可以委托专业咨询单位进行，从事策划的专业咨询单位往往也是开放型组织，政府部门、教学科研单位、设计单位、供货单位和施工单位等往往都拥有某一方面的专家，策划组织者的任务是根据需要把这些专家组织和集成起来(图1-3)。

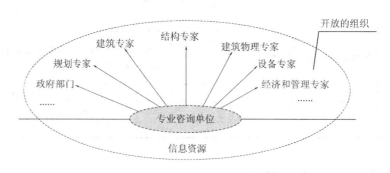

图1-3 项目前期策划的组织

4. **策划是一个知识管理的过程**

策划不仅是专家知识组织和集成的过程，而且是信息组织和集成的过程。策划的实质就是对知识的集成，这实质上就是一种知识管理的过程，即通过知识的获取、编写、组合和整理，通过深入细致的分析和思考形成新的知识。

5. 策划是一个创新求增值的过程

策划是"无中生有"的过程，是一种创造过程。项目策划是根据现实情况和以往经验，对事物变化趋势作出判断，对所采取的方法、途径和程序等进行周密而系统的构思和设计，是一种超前性的高智力活动。创新的目的是为了增值，通过创新带来经济效益。

6. 策划是一个动态过程

策划工作往往是在项目前期，但是策划成果不是一成不变的，策划工作也不是一次性的。一方面，项目策划所作的分析往往还是粗略的估计，随着项目的开展，项目策划的内容根据项目需要和实际可能将不断丰富和深入；另一方面，项目早期策划工作的假设条件往往随着项目进展不断变化，必须对原来的假设不断验证。所以策划结果需要根据环境和条件不断发生的变化，不断进行论证和调整，逐步提高准确性。

项目前期策划是项目管理的一个重要的组成部分。国内外许多项目的成败经验与教训证明，项目前期策划是项目成功的前提。在项目前期进行系统策划，就是要提前为项目实施形成良好的工作基础、创造完善的条件，使项目实施在定位上完整清晰，在技术上趋于合理，在资金方面周密安排，在组织管理方面灵活计划并有一定的弹性，从而保证项目具有充分的可行性，能适应现代化的项目管理的要求。

1.2 环境调查与分析

项目前期策划是在充分占有信息和资料的前提下所进行的一种创造性劳动，因此充分占有信息是策划的先决条件，否则策划就成了无本之木、无源之水。从这一基本思想出发，环境调查与分析是项目前期策划工作的第一步，也是最为基础的一环。如果不进行充分的环境调查，所策划的结果可能与实际需求背道而驰，甚至得出错误的结论，并直接影响项目的实施。因此策划的第一步必须对影响项目前期策划工作的各方面环境进行调查，并进行认真分析，找出影响项目建设与发展的主要因素，为后续策划工作提供基础。

本章将结合某中德合资医院项目的前期策划案例，分别对环境调查与分析以及项目决策策划和项目实施策划的内容与工作方法进行具体阐述。

1.2.1 环境调查与分析的对象

环境调查与分析的对象是项目本身所涉及的各种环境因素和条件，以及项目实施过程中可能涉及的各种环境因素和条件。外部环境各种因素都或多或少会对项目产生一定影响，但是考虑到这些因素对项目的影响实际上有直接、间接及程度不同的差别，同时也为了节省不必要的人力和成本，通常将外部环境研究的对象相对集中，侧重于研究那些对项目有较为直接影响且影响程度较高的因素。

政治法律环境、社会文化环境、宏观经济环境等对所处该环境中的各种类型项目都会产生影响。除此以外，针对不同的项目类型还需要对不同的特殊环境对象进行调查。对建设工程项目而言，环境调查与分析的对象一般包括：①政策、法律环境；②产业市场环境；③宏观经济环境；④社会、文化环境；⑤项目建设环境；⑥项目建筑环境；⑦其他相关问题等。

其中，政策、法律环境泛指社会制度，政府的方针、政策，以及国家制定的与项目相关的法律、法规等。产业市场环境包括项目所处行业的市场供求情况、价格水平以及竞争对象基本情况等。宏观经济环境主要指国民收入、国民生产总值及其发展趋势，以及通过这些指标反映的国民经济发展水平和发展速度等。社会、文化环境包括项目所在地区人口数量以及增长趋势、居民受教育程度和文化水平、风俗习惯、价值观念等。项目建设环境泛指项目实施必须的能源、基础设施、交通条件等。项目建筑环境包括项目所在地区城市规划以及项目主持者要求的项目建筑色调、建筑风格、建筑材质等。

环境调查与分析应该以项目为基本出发点，将项目实施可能涉及的所有环境因素进行系统性的思考，以其中对项目策划和项目实施影响较大的关键因素作为主要的考虑对象，进行全面、深入的调查与分析。

【案例 1-1】 在某中德合资医院项目的前期策划工作中，策划小组从前期策划的基本方法出发，综合考虑医院项目自身专业化的特点，同时结合本项目的特殊性，主要从四个方面对该医院项目进行了环境调查与分析，如图 1-4 所示。

1. 社会、经济发展环境调查

医院项目的建设，是依托于一定的社会、人群而存在的，一般医院提供的服务是直接面向当地人口，而不像工业产品生产项目，可以通过运输把产品销售到远距离的区域。因此项目所在地的社会、经济发展情况和医疗卫生设施建设的现状和规划，对是否应进行该项目建设具有非常重要的指导意义。策划小组在当地社会、经济发展环境方面，重点了解了以下内容：①城市人口；②国民生产总

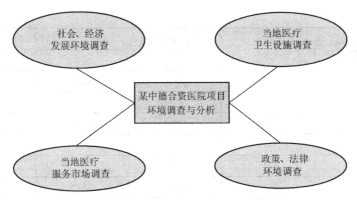

图 1-4　项目环境调查与分析的内容

值、人均国民生产总值、当年的增长速度；③医疗费用占国内生产总值的比例；④人均收入；⑤高收入人群数量；⑥外籍人士数量、增长速度等。

2. 当地医疗卫生设施建设的现状调查

政府部门对当地的医疗卫生设施建设有严格的控制和规划，而新建医院势必要打破当地卫生设施的格局，影响现有医院的营业水平，因此必须注意到项目所在地的医疗卫生设施的现状，以便策划工作的顺利和有效开展。

（1）总体情况

通过调查了解到，上海市目前中心城区高等级医院已经趋向于饱和，而郊区医疗市场高端供应比较缺乏。从上海市高端市场的总体情况而言，正如上海市卫生事业发展"十五"规划指出的那样，与目前亚洲一流的医疗中心城市如香港、新加坡等地相比，上海尚无一所与其现在及将来经济和国际地位相称的现代化医院，其整体医疗水平与上海市希望成为亚洲医疗中心目标还有较大的差距，特别是缺乏与国际接轨的标志性医院。

（2）详细调查

在进行区域卫生现状调查时，策划小组对上海各区以及郊县与周边地区的医疗卫生设施现状进行了详细的调查，如表1-2所示。

各区、县医疗机构基本情况（2002）　　　　表 1-2

地　　区	床位数（张）	医疗技术人员数（人）	其　　中	
			医生	护士
总　　计	83459	101563	43792	37115
浦东新区	7056	8710	4187	3086

续表

地 区	床位数（张）	医疗技术人员数（人）	其　中	
			医生	护士
黄浦区	5102	7937	3293	3026
卢湾区	3377	5784	2312	2073
徐汇区	10357	12678	4529	4983
长宁区	3491	4900	2025	1660
...	...	...	...	...
嘉定区	2172	2877	1473	968
松江区	3303	2747	1181	1023
青浦区	1740	2498	1124	888
南汇区	3971	3241	1497	1034
奉贤区	4008	3051	1365	1069
崇明县	3039	3027	1482	970

3. 当地医疗服务市场调查

对当地医疗服务市场进行调查，目的在于掌握市场的实际情况和发展动向，发现进入市场的切入点。策划小组对医疗市场的调查主要包括基本情况、需求情况和供给情况三个方面。

（1）基本情况

经调研，上海市各类卫生机构、床位及人员数如表1-3所示。

上海市各类卫生机构、床位及人员数（2002）　　表1-3

机构类别	机构数	床位数	人员数	卫生技术人员	医生	护士
总　计	2422	84502	133386	101563	43797	37115
医疗机构合计	2342	83459	126642	97566	41728	36882
医院	192	61784	91055	69048	25744	29805
综合医院	121	41787	69012	53010	20180	22814
中医医院	18	3588	6246	4828	1940	1730
中西医结合医院	4	1405	2574	1963	756	773
专科医院	49	15004	13223	9247	2868	4488
疗养院	3	462	276	108	30	47

续表

机构类别	机构数	床位数	人员数	卫生技术人员	医生	护士
护理院	11	1650	585	355	132	130
社区卫生服务中心	101	6909	12694	9829	5145	2654
乡镇卫生院	128	11199	10225	8309	4521	2165
门诊部、所	66	65	1121	864	495	190
诊所、卫生所、医务室	1785		5332	5332	3884	595
妇幼保健院(所、站)	22	1208	3103	2389	1017	1012
专科疾病防治院(所、站)	22	182	1395	989	536	255
急救中心(站)	11		744	285	224	29
其他医疗机构	1		112	58		
疾病预防控制中心	23		2837	1933	1145	81
卫生监督所	21		1552	1087	686	10
医学科学研究机构	12		944	449	108	2
其他卫生机构	24	1043	1411	528	130	140

(2) 需求情况调查

1) 医疗机构诊疗、入院人数调研(表1-4)

医疗机构诊疗、入院人数调研(2002) 表1-4

机构类别	诊疗人数 (万人次)	门急诊 (万人次)	入院人数 (万人)	每百诊次的 入院人数
总　　计	8783.29	8617.31	135.76	1.55
卫生部门	8382.38	8219.85	128.19	1.53
医院	5059.31	4995.53	92.59	1.83
综合医院	3693.42	3649.26	70.95	1.92
中医医院	743.35	738.29	7.20	0.97
传染病院	15.95	14.85	0.92	5.77
精神病院	56.36	56.13	1.01	1.79
结核病院	20.66	18.37	1.25	6.05
妇幼保健院	171.98	164.71	5.24	3.05
儿童医院	167.17	163.51	3.12	1.87

续表

机构类别	诊疗人数（万人次）	门急诊（万人次）	入院人数（万人）	每百诊次的入院人数
肿瘤医院	32.05	32.05	0.96	3.00
其他专科医院	158.37	158.36	1.94	1.22
护理院	15.26	15.26	0.32	2.10
其他医疗机构	149.96	146.13		
社区卫生中心	2419.09	2328.39	5.73	0.24
乡镇卫生院	738.76	734.54	29.55	4.00
工业及其他部门	400.91	397.46	7.57	1.89

2）在沪境外人士调研

最近三年来，外国人在上海就业的人数以每年10％的速度增长。按照国际公认的观点，作为一个国际性的大都市，外籍工作人员占总人口的比例一般要求在5％以上。按照上海现有的人口计算，外籍人口数应在70万左右，目前的数量显然还太少，尚有很大的增长空间。

3）境外旅游者调查

2002年上海入境境外旅游者达到272.53万人次，其中来自德国的旅游者达10.23万人次。平均每天来沪旅游的人数达7466人，平均逗留时间为3.61天。入境境外旅游者呈逐年递增的趋势，而且增长趋势十分迅速。上海作为境外入境主要通道，在未来几年内必将发挥更显著的作用，这也将极大地拉动上海市外籍人士的就医需求。

（3）供给情况

1）高端市场情况调研

考虑到该医院主要针对高端市场，在市场调查中，供给情况的主要调查对象为上海市的三级综合性医院和特需服务的情况。经调查，当时上海市共有三级综合性医院18所，其中三级甲等医院16所，三级乙等医院2所。选取其中的十所医院经济指标进行统计，结果如表1-5所示。

根据上海市三级综合性医院的现状，策划小组进行了分析，得出一些重要结论，例如医院技术水平还比较低下，服务的附加值不够高；医院基本上不盈利；非盈利性三等甲级医院服务对象基本上是普通市民，人满为患；平均住院天数较高；收费水平基本可以接受，但部分市民抱怨药价太高等。

表 1-5 上海市十所综合医院 2001 年主要经济指标

	单位	市一	市六	中山	华山	瑞金	新华	仁济	九院	龙华	曙光
收入总计	万元	51508.8	47593.2	53593	63370.9	68911.9	62566.4	59334.5	35058.6	22460.8	22624.3
其中：门诊收入	万元	9751.5	10322.7	8862.6	11032.6	13539.1	11512.5	13324.3	10176	2879.5	2956.7
住院收入	万元	11794.7	12592.5	16712.4	13402.9	21677.9	17382.4	13247.5	9084.2	3482	3754.7
药品收入	万元	26162.5	19557.3	24676.5	28244.7	28318.7	26718.2	26798.9	13078.2	12702.5	12933.1
支出总计	万元	47193.2	44416.6	51047.3	53047.8	64840	55327.1	57819.2	31528	19352.8	21141.3
其中：人员费用	万元	13062.4	11984.1	12772.1	12052	17897.7	14756.3	1322.2	11168.9	4870.7	5680
职工人数	人	2255	2308	2389	2180	3453	2760	2273	1811	1107	1110
核定床位	张	1080	1010	1044	1088	1353	1250	886	757	547	600
实际开放床位	张	1304	1148	1044	1088	1362	1230	886	732	633	569
累计实际占用床日	万日	43.02	45.92	41.83	40.9	51.01	47.39	36.4	26.4	21.4	19.7
床位使用率	%	90	109.6	99.7	103	101.4	105.6	114.4	98.8	92.7	95
累计出院人数	人次	23625	22437	23222	18670	36243	31450	22952	15529	7541	8526
平均住院天数	天	18	19.2	17.5	21	14.9	15.7	16.7	28.2	23.4
累计门急诊人次	万次	133.5	113.3	104.4	142.9	158.7	200.08	140.8	85.4	76.9	70.1
每住院床日费用	元	447.16	437.58	618.10	519.02	615.29	564.14	594.76	527.38	307.85	376.13
每门急诊人次费用	元	213.22	197.52	233.42	220.02	202.56	144.33	225.24	215.74	162.22	174.43
其中：药品	元	140.19	106.42	148.74	142.91	117.26	86.79	130.62	96.54	124.77	132.23

总体而言，上海最高水平的医院与亚洲中心城市的标志性医院的差距还比较大，上海尚需建设高水平、多元化投资的现代综合性医院，以满足高端市场的需求。

2）特需服务的特点分析

随着人们生活水平的提高，病人对医院特需服务需求的不断增加，上海各医院为满足这种需求，纷纷开设了特需服务。策划小组对上海市几家提供特需服务的主要医院进行了调查，发现目前上海市高等级医院特需服务具有以下特点：

- 科室不齐全，如华山医院特需服务部当时服务范围主要是神经内科、神经外科、皮肤科等科室的疑难杂症；
- 规模较小，如中山医院下属的逸仙医院只有46个床位，仁济医院的宾馆式特需床位也只有96个（调研时数字）；
- 大部分是中国医生看病，没有或较少有外籍医生坐诊；
- 硬件设施有改善，但医院管理模式、看病流程、对病人的服务理念基本没有改变。

综观上海市各家医院，目前还没有真正能够接待大量外宾病人、能够让外籍人士放心的综合性医院。

（4）医疗服务市场调查小结

根据对医疗服务市场的调查，综合以上数据，策划小组作出如下分析：

- 上海作为一个国际化的大都市，正越来越吸引着外国人前来工作、旅游、定居，但是他们的就医需求还不能在当地得到满足，医疗保障问题也越来越成为外国企业在上海遇到的难题之一；
- 上海市高收入人群非常密集，他们具有潜在的高级医疗保障服务的需求；
- 该医院项目具有十分广阔的前景。

4. 政策、法律环境调查

政策对医院的建设和发展是非常重要的。国家根据承担任务和功能的不同，将医院分为营利性医院和非营利性医院两种进行管理。策划小组对两种医院的投资、价格、税收政策，以及上海市对卫生医疗机构的发展规划进行了详细的调查。此外，策划小组还调查了外国医生能否来华行医、中外合资医院是否可以进入医保系统等政策。

除上述四项主要内容外，策划小组还对医院建设和运营的成本，项目所在地建设环境，以及相关风险因素等进行了调查。

1.2.2 环境调查与分析的方法

项目前期策划的过程就是知识管理与创新的过程，因此在策划过程中，知识的积累至关重要,而知识的来源不仅包括自身的知识积累,也包括他人的经验总结,所以在策划过程中要充分利用环境调查与分析的方法与手段,吸收有利于项目策划和实施的经验或知识。

环境调查与分析的方法包括以下几个方面:

1. 现场实地考察

现场实地考察是环境调查的一个重要方法与途径,因为文字资料上往往省却细节信息,或者在访问时,对方可能处于自己主观判断而遗漏重要信息,所以需要通过实地考察增加项目的感性认识,了解有关项目的具体信息,掌握项目环境的最新情况。某中德合资医院项目的策划小组在实地调查中,重点了解了以下内容:当地市政基础设施情况、项目基地现状、项目基地对外交通情况、周边建筑风格等。在实地调查时,借助拍照、录像等手段辅助工作,获取了大量的现场资料。

2. 相关部门走访

相关部门走访是项目背景资料的主要来源。从这些部门获取的资料具有相当的权威性和及时性,有时甚至是尚未正式发布的草案,对了解宏观背景的发展趋势具有极大的帮助作用。某中德合资医院项目的策划小组根据项目特点,主要对以下部门进行了走访:项目所在镇政府、项目所在区卫生局;若干家三级综合性医院、某股份制非营利性医院、某营利性医院、某采用美国管理模式的国有医院等。

进行相关部门走访前,需要做好两项准备工作:一是要提前进行联系,告知对方调研的意图、目的、日程安排以及所需要的资料等;二是制定调查表格。

在进行相关部门走访时,大部分受访部门事先并不了解项目的背景以及调研的意图,往往不能在较短的时间内掌握访问人的真正目的,以及提供所需资料,因此策划小组在走访前通过电话、传真、电子邮件等联系方式,提前通知受访部门,告知对方调研的意图、目的、日程安排以及所需要的资料等。需要说明的是,因为大多数策划项目属于商业性项目,相关部门并没有义务接待访问或提供资料,因此需要通过灵活的渠道达到既定目的。对于政府投资项目的策划,可通过政府文件的方式进行处理。

调查表格的形式可以有多种,但内容基本包括调查的目的、内容、受访人、调查参与人、调查的问题、资料需求等,其中调查的问题和资料需求必须尽量明确,才能使受访人清楚地理解并提供准确的信息。调查完毕后应由调查人完成如下所示调查报告,根据受访人的意见和建议分析对项目策划的影响。

【案例1-2】

某中德合资医院项目策划小组×月×日调查报告

地　　点： 上海市某股份制医院

时　　间： ×月×日 14：00—16：50

参与人员： 略

调查内容： 多元化股份制办医院的经验

受 访 者： 张院长（教授）

内容梗概： 策划小组调研了上海市普陀区一家具有股份制成功经验的××医院，以了解多元化办医院的具体情况。

一、××医院的基本状况

该医院位于上海市普陀区<u>桃浦镇</u>（13万常住人口，5万流动人口）与<u>真如镇</u>（10万人口）交界口处，并紧邻<u>长征镇</u>。

该医院是上海市第一家有民营资本进入的股份制医院，占地33亩，初始投资中，区政府原资产作价4500万（含600万搬迁费），××集团以货币的形式投资8100万，加上后续贷款共有1.5亿。经中介评价机构评价，确定区卫生局控股47%，53%部分由该集团控股。虽然为股份制医院，但该医院选择成为非营利综合医院，医保定额为3300万。

医院的最高权力机关是股东大会，监事会是监督机关，院长是决策的执行者，主持日常工作。院董事会共5人，其中三人由控股方出任，另外二人由区卫生局派人出任，院长可以列席参加董事会，并可以对董事会的决定提出意见。

医院现有床位420张，2002年病床使用率达93%以上。员工总数有600多，其中医护人员占35%。医院现有医保量3300万，占总医疗量的65%～70%，基本没有特需医疗服务。2002年门诊量63万人，年收入1.25亿（药品收入占50%左右），赢利560万，分担医保300万，实际赢利200多万，出院8000多人。

二、股份制办医院的体会

（1）院长角色的转变：最高权力机关是股东会，决策机构是董事会，监督机构是医院监事会，院方作为执行层，院长是执行层代表，实行的是董事会领导下的院长负责制，院长实行年薪制，院长的价值得以承认；

（2）医院走向市场的经验：市场需要不断开发，医院设有企划部，为医院作业务、形象包装；

（3）医院经济成本核算情况：当月核算，月报送交董事会，以企业制度作成本控制，提高医院效益；

（4）医院的困难：政策不明朗，没有国有医院享受的补贴，后期融资困难，医疗补偿不足，成本控制越来越难。

三、策划小组提问了相关问题，张院长也热心地为我们一一作了介绍：

（1）医保指标方面：现已达到3300万，占门急诊数的65%～70%；

（2）设备方面：收费按国家标准，每年按会计制度提取折旧费，用以更新设备；

（3）员工工资方面：员工工资包括基本工资、岗位工资和效益工资，其中基本工资和岗位工资部分达到社会平均水平。

四、张院长为中德合资医院提出了宝贵的建议：

（1）建议中德合资医院应以营利性和非营利性相结合；

（2）医院筹划阶段要做好足够的社会调查；

（3）应引进国外的医保，吸引外籍人士就医；

（4）应真正引进国外的先进理念，外籍医生要能弥补国内医生的不足。

对相关部门调研完毕后，应进行整理，策划小组开一次碰头会，分别介绍调研情况，最终由策划小组整理出若干个重要问题，并进行排序，形成调研报告以及对策划的影响分析，作为后续策划的基础以及参考性文件。

3. 有关人员访谈

访谈的目的是了解项目相关人员（群）和项目的关系以及对项目的意见或建议。此类调研对象往往和相关部门的调研相结合。一般包括以下几类人员：

（1）项目投资方

对项目投资方相关人员的访谈内容主要集中在项目的背景、进展状况、项目发起的目的、希望达到的目标、基本设想以及目前存在的困难等。访谈的形式可以有很多种，可以采用集中介绍的方式，也可以采用单独访谈的方式，可以是正式的形式，也可以是非正式的形式。

（2）最终用户

项目策划的重要原则之一就是"最终用户需求导向"原则，因此应充分重视对最终用户的访谈或调查。对最终用户的访谈会影响到项目策划的具体内容，包括功能的布局、标准的确定、建筑面积的确定、结构形式的选择等。在最终用户已经明确的情况下，可采用访谈形式，但如果最终用户尚不明确，如尚未招商的园区，则对可能的最终用户进行分析，以典型同类用户的需求为依据，总结概括出项目最终用户的需求。

【案例 1-3】 在某中德合资医院项目中，项目投资方在使用阶段仍旧拥有该医院的所有权及使用权，因此项目投资方同时也是最终用户。策划小组与中德两国投资方都进行了多次访谈，以充分了解他们对该项目的各种设想及需求。

（3）有关领导

对有关领导的访谈主要是掌握项目开发的宏观背景和总体指导思想，从宏观的专业研究和管理的角度了解他们个人的意见，整理成为宏观层次的系统性的思想，并以此作为确定项目发展的大方向的参考性依据。

（4）有关方面专家和专业人士

如前所述，策划是一个专业性极强的工作，需要各方面的专业知识，这就决定了策划组织必须是一个开放性的组织。对于某些专业性或知识性极强的内容，专家或专业人士拥有更多的知识和经验，因此对他们的访谈有利于项目策划。他们的知识、建议或意见，可作为策划的重要参考依据。

【案例 1-4】 某中德合资医院项目策划小组与项目所在区卫生局局长、多家医院的院长或主任医师等在医疗卫生机构工作多年的专家和专业人士进行了访谈，他们都为策划小组提供了许多有重要参考价值的信息及建议。

（5）其他相关人员

项目涉及很多方面，也影响到很多人群，对他们进行访谈，可以了解其对项目的关注程度和相关建议，从社会和市场的需求、期望等角度了解具体的基础条件和制约因素，进而整理成为具体的、较为完整的环境描述。其他相关人员范围的确定依据项目的特征而定。

【案例 1-5】 例如，某中德合资医院项目策划小组对众多外籍人士进行了访谈，在这些潜在客户群体处了解到很多重要信息。比如，绝大多数外籍人士在上海生活最大的问题就是看病问题，他们不习惯中国医院的医疗理念、医疗环境，许多外籍人士生病后都不得不选择回国看病，他们非常欢迎在上海成立一家国际标准的现代化医院。策划小组在访谈过程中还了解到，中国每年到国外去看病的人也有很多，在国内成立国际化医院也可以吸引这些人前来就诊。

对相关人员的访问除了要进行必要的准备以外，还应注意记录访谈要点，访谈结束后应进行回顾、总结与分析，除此之外，还应注意访谈技巧，包括赞同、重复、澄清、扩展、改变话题、解释与总结等。

4. 文献调查与研究

策划是一种创造性的劳动,在这一过程中,汲取的知识越多,对策划越有利,而文献是各种知识的凝聚与升华,因此要充分重视对文献的收集和研究。目前,随着文献的数字化程度越来越高,文献的调查越来越方便。文献的主要来源包括:

1) 充分利用网上资源;
2) 档案馆、图书馆资料查询;
3) 出版物(书籍、期刊、报纸等);
4) 非出版物(论文、文件、内部档案等)。

5. 问卷调查

问卷对于有明确用户对象的项目策划有显著作用,如学校、商业街、住宅、办公楼以及某些建筑单体的策划等,对最终用户的问卷有助于策划成果的合理与完善。此外,问卷也可以针对已经策划的某一部分,如项目定位、功能布局、面积分配等,征求相关人员的意见,进一步完善策划成果。问卷的问题有很多种类型,包括分支性问题、名词性问题、顺序性提问、间隔式提问、简短回答式提问以及不作最终结论的提问等。

问卷要注意逻辑次序安排,一般的主要次序包括:

1) 提起答题者的兴趣;
2) 明确答题者的类型;
3) 程序按照从一般到特殊进行;
4) 允许进行解释或者加以阐述;
5) 当答题完毕后,告诉答题者如何处理问卷。

环境调查有多种途径和方法,这些途径和方法在项目策划时一般都会用到,但考虑到资料的积累和重复利用问题,应注意知识管理的应用,使信息发挥更大的价值,并为后期的重复利用提供方便,因此资料管理是环境调查的一项重要工作。

1.2.3 环境调查的工作成果分析

环境调查的最终目的是为项目策划服务,因此环境调查的分析至关重要。环境调查的工作成果分析是大量资料与信息提炼的过程。没有经过整理与分析的资料不仅对策划没有帮助,反倒会成为大量的信息垃圾,大大降低信息的价值,因此应充分关注环境调查资料整理与分析。环境调查的主要工作成果包括环境调查分析报告及其附件。

环境调查分析报告没有固定的格式，根据策划的需要进行设定，但一般包括资料的简要论述、对比、由此得出的结论以及对策划的启示，此外还包括主要参考资料清单以及资料来源目录，重要的参考文献也可分类装订成册，作为附件，以便查阅。

1.3 项目决策策划

项目决策策划是指在项目决策阶段，项目主持方或其委托的项目管理单位针对项目主持方的初始项目意图，通过对项目环境调查和分析，确立和论证项目目标及产业发展方向，进行项目定义，在明确项目功能、规模和标准的基础上，估算项目投资，进行投入产出分析，构建融资方案等的一系列工作。

项目决策策划是在项目意图产生之后，项目立项之前，它是项目管理的一个重要组成部分。客观、缜密的项目决策策划可以为项目的决策提供依据，也是项目实施策划的前提。

1.3.1 项目产业策划

项目产业策划是立足产业行业环境与项目所在地的实际，通过对今后项目拟发展产业的市场需求和区域社会、经济发展趋势分析，分析各种资源和能力对备选产业发展的重要性以及本地区的拥有程度，从而选择确定项目主导产业的方向，并进一步构建产业发展规划和实施战略的过程。

项目产业策划的步骤本身是一个逻辑过程，包括如下几个环节。

1. 项目拟发展产业概念研究

归纳项目拟发展产业及其载体的概念、特征，影响该产业发展的促进或制约因素，作为项目产业策划的基础。在项目拟发展产业为新兴产业，或对项目拟发展产业尚未明确时，该项工作是十分必要的。

2. 项目产业市场环境发展现状研究

通过对项目拟发展产业的宏观市场环境分析和项目所在地产业发展现状的研究，判断拟发展产业目前在我国的总体发展情况及本地区产业在市场中所处的水平，并针对性地制定竞争措施。

3. 项目产业市场需求的分析

市场需求是产业发展的原动力，项目产业辐射区域有效市场容量的分析是制定项目产业发展目标的基础。其具体工作包括项目产业辐射区域市场容量测算、项目产业发展需求分析等。

4. 城市社会、经济发展趋势的研究

与产业相关的城市社会、经济发展趋势是产业长远发展的重要推动或制约力量。产业策划作为战略层面的方向性研究，必须对影响拟发展产业的城市社会、经济发展趋势进行分析，就城市社会、经济发展趋势对产业发展可能带来的优势或劣势进行判断，并进一步就城市社会、经济发展趋势可能导致的产业发展优势或劣势研究相应的促进措施或预防、风险转移措施。

前述三项工作在之前的环境调查与分析中已有涉及，在此不再赘述。

5. 项目所在地拟发展产业优、劣势分析

在前期项目所在地环境调查的基础上，研究项目所在地对拟发展产业可能带来的优势与劣势。重点归纳制约项目所在地拟发展产业的不利因素，制定针对性的完善措施，为产业发展规划提供基础。

【案例1-6】 与项目所在地其他医疗卫生机构相比，某中德合资医院的优势十分明显：

1）能更好地满足外籍人士及高收入人群的医疗需求；
2）在人才、设备、技术上有德国某著名医科大学和医疗机械公司的强力支持；
3）拥有先进的医院管理模式和体制；
4）拥有先进的医疗服务理念和服务意识。

其劣势主要是较高的价格可能会引入一定的市场风险，缩小医院的市场需求量。

6. 项目产业发展规划

在上述产业概念、市场需求及定位以及项目所在地环境分析的基础上，项目产业策划最终可以确定项目产业的发展规划，并进一步构建具体的实施战略和辅助措施。项目产业发展规划是指项目产业发展的目标体系，它是基于对城市社会、经济发展趋势和国内外产业市场发展态势的综合分析制定的。产业实施战略和辅助措施则是具体落实产业发展规划的方法和途径。

1.3.2 项目功能策划

功能策划是指在总体构思和项目总体定位的基础上，在不违背对项目性质、项目规模以及开发战略等定位的前提下，结合潜在最终用户的需求分析，将项目功能、项目内容、项目规模和项目标准等进行细化，以满足项目投资者或项目使用者的要求。项目功能策划的主要内容包括以下4个方面。

1. 项目用户需求分析

项目用户需求分析，对潜在的最终用户的活动类型进行分解，归纳出每一类最终用户的主导需求，这是项目功能策划的第一步。

【案例1-7】 某中德合资医院项目策划小组对患者、患者家属、医生、护理人员、医技人员、行政人员、后勤人员等各类相关人群的活动需求都进行了仔细梳理。

1）患者需求包括检查与治疗、手术、护理等方面，这将是医院功能分区的重要依据。

2）患者家属的需求主要有手术时等待、护理陪同、祷告等。

3）医生、护理人员、医技人员、行政人员的主导需求有办公、值班、更衣、餐饮、会议、科研等。

4）后勤人员的主导需求有物资管理、保洁用房、机械维护用房等。

项目用户需求分析是功能分析的重要前提，划分医院的各功能区域时，应考虑各区域能全面满足各类人群的相关需求。

2. 项目功能定位

项目功能定位又分为项目总体功能定位和项目具体功能分析。

项目总体功能定位是指项目基于整个宏观经济、区域经济、地域总体规划和项目产业一般特征而作出的与项目定义相一致的宏观功能定位，而不是指具体到项目某个局部、某幢建筑的具体功能的界定，是对项目具体功能定位具有指导意义的总体定位。项目总体功能定位应充分重视借鉴类同项目的经验和教训；项目总体功能定位的方法应建立在类同项目功能分析的基础上结合项目自身特点确定。

【案例1-8】 结合自身依托德国人才、技术、设备强大支持的特点，以及上海医疗卫生机构没有与国际接轨的现代化医院的不足，某中德合资医院的总体功能定位是：严格按照德国标准建造的、凸显现代医学特色，全方位满足多层次医疗和保健需求，信息化、数字化、开放式的大型综合性医院。

项目具体功能分析，指为了满足项目运营活动的需要，满足项目相关人群的需要，对项目拟将具有的功能、设施和服务等进行的界定，主要包括明确项目的性质、项目的组成、项目的规模和质量标准等。项目具体功能分析是对项目总体功能定位的进一步分析。项目的功能分析应进行详细的分析和讨论，在讨论时应邀请项目投资方和项目最终使用者参与，关键时刻还可邀请有关专家、专业人士参与，使项目各部分子功能详细、明确，满足项目运营的需要并具有可操作性。

项目的具体功能分析应从项目建成后运营使用的活动主体——使用人群的需求和企业的需求出发，分析项目为满足他们的活动所应提供的各种设施和服务，从人群的功能需求和企业的功能需求两个方面对项目进行功能策划。项目功能分析的工具是项目结构图，如图1-5所示。

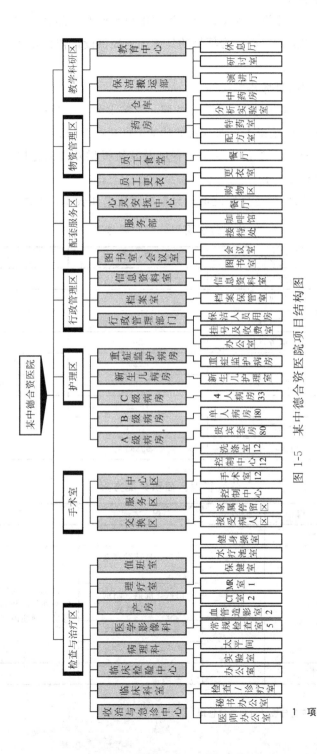

图 1-5 某中德合资医院项目结构图

1 项目前期策划

3. 项目面积分配

项目面积分配是建设工程项目决策策划中很重要的一部分，它不仅是对项目功能定位的总结和实施，而且为项目的具体规划提供设计依据，使规划设计方案更具合理性和可操作性。

项目面积分配的具体步骤包括：

1) 对项目的空间构成进行分析，按照功能需求的类型对其空间构成分类；

2) 在空间分类的基础上，对项目的功能分区进行设想；

3) 根据各功能区在项目中的重要程度及其所提供功能的范围，对各功能区进行详细的面积分配。

【案例 1-9】 某中德合资医院面积分配最终成果如表 1-6 和表 1-7 所示。

功能分区面积分配方案总表　　　　　表 1-6

序号	功能分区	净使用面积（m^2）	比例
1	检查和治疗	9232	29.38%
2	护理（等级病房）	12030	38.29%
3	行政管理	1280	4.07%
4	配套服务设施	2260	7.19%
5	物资管理	4220	13.43%
6	教学和科研	2400	7.64%
7	小计	31422	100%
8	公共部分	27941	
	合计	59363	

物资管理区面积分配方案　　　　　表 1-7

编号	部门	面积（m^2）	房间	平面布置要求
5.00	物资管理	4220		
5.01	药房	1000	药房、特药贮藏室、配方室	作为中心服务设施，药房应使外部的供货者容易进出，且易于通往内部配送部的电梯
			溶液、配剂、制剂、膏剂配制室	
			分析与配制实验室	
			中药房	
5.02	中央消毒室	450	中央消毒室	

续表

编号	部门	面积(m²)	房间	平面布置要求
5.03	医疗器械中心	250	技术服务中心	
5.04	衣被准备中心	240	病床准备中心 12	
5.05	厨房	700	厨房	
5.06	洗衣房	400	洗衣房	
5.07	仓库	550	库房	
5.08	物业维修部	400	办公室	
5.09	垃圾处理站	50	垃圾站	
5.10	保洁搬运部	180	保洁员休息室	
			更衣室	
			储藏室	
			搬运员工休息室	
			（会议）餐具室	

4. 项目定位

在最终用户需求分析、功能分析与面积分配的基础上，可以最终构建项目的定位。项目定位是指明确项目的性质、项目的功能、项目的规模、项目的标准以及预计项目在社会、经济发展中的地位、作用和影响力。项目定位是一种创造性的探索过程，其实质在于挖掘可能捕捉到的市场机会。项目定位的好坏，直接影响到整个项目策划的成败。

【案例 1-10】 某中德合资医院项目策划小组在经过细致的项目功能分析后，对该项目进行了如下的最终定位：

1. 项目目标定位

本项目定位于严格按照德国标准，建设一所凸显现代医学特色，全方位满足多层次医疗和保健需求，信息化、数字化、开放式的大型综合性医院，成为上海市世界级医疗中心之一。该医院建成后具有六大特色：①高起点、高水平医护功能；②个性化、亲和式服务功能；③国际化、欧式化交流机制；④数字化、精益化管理模式；⑤多元制、开放式医保系统；⑥多层次、特色化学科建设。

2. 项目服务对象定位

除服务好当地普通百姓外，同时服务于上海市、上海市周边地区的外籍人士、国内高收入人群等高端市场,满足不同层次社会群体的医疗卫生保健需求,形成高水平的医疗特色和优质服务,并争取成为上海市标志性的现代化临床医学中心之一,辐射周边地区(如长三角地区),向全国伸展,成为国内乃至国际知名的大型医学中心。

3. 建设规模和医疗能力

医院以德国 DIN13080 标准为参照进行规划和建设。按照德国标准,医院总使用面积为 59363m^2,远期建设规模为 1000 张床位,项目一次规划,分期建设。一期工程 400 张床位(包括重症监护病床 20 张),二期工程 600 张床位。

建成后的医院每年可承担住院手术大于 15000 人次,门诊小手术大于 34000 人次,分娩 2000 人次,接待门诊病人 10 万~20 万人次。根据计算,400 张床位可提供的住院总天数为 121563 天,平均住院天数 6.95 天。

4. 科室设置

医院将严格按照德国标准来建设,整个项目分为检查和治疗、护理(等级病房)、行政管理、配套服务设施、物资管理、教学和科研六大功能区,其中检查和治疗功能中的一期临床科室包括病人服务中心、门诊部、麻醉科、眼科、普通外科、创伤外科、耳鼻喉科、妇产科、内科Ⅰ、内科Ⅱ、泌尿科、中医科、脑外科、心血管外科、整形外科,二期将在此基础上建设器官移植中心、神经中心、心血管中心、急救中心、基础及应用医学研发中心等五大医学中心,为医院成为上海现代化临床医学中心之一打下坚实基础。

5. 项目社会影响分析

一方面,医院能够满足在沪外籍人士的就医需求,并且能真正地让他们感觉到一流的医疗服务;另一方面,对于国内居民和其他省市的外籍人士来说,该医院能够让其不出国门享受国际一流医疗水平服务,并从而对上海建设亚洲一流医疗中心起着重要的促进作用。该医院能够有效促进上海医学科研水平、医院管理水平、医疗技术水平的提高。另外,该医院的建立,还将有利于上海医疗体制改革的进行,从而在医疗方面塑造上海国际大都市的形象。

1.3.3 项目经济策划

项目经济策划是在项目定义与功能策划基础上,进行整个项目总投资估算,并且进行融资方案的设计及其有关的经济评价。

项目经济策划的工作内容包括项目总投资估算、项目融资方案、项目经济评价，如图1-6所示。其中，总投资估算是项目经济策划的首要工作。

1. 项目总投资估算

就建设项目而言，项目的总投资包括了项目的前期费用、项目设计和咨询费用、项目工程造价等。其中工程造价是项目总投资中最主要的组成部分。

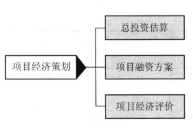

图1-6 项目经济策划的主要内容

项目总投资估算一般分以下五个步骤：

第一步是根据项目组成对工程总投资进行结构分解，即进行投资切块分析并进行编码，确定各项投资与费用的组成，其关键是不能有漏项。

【案例1-11】 某中德合资医院项目总投资由土地（生地）征用费用、拆迁和市政等场地准备费用、建筑物及室外总体建筑安装工程费用、固定医疗设备费用、可移动医疗器械费用以及项目启动费六大块组成，其项目总投资切块如图1-7所示。

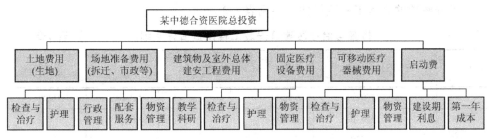

图1-7 某中德合资医院项目总投资切块图

第二步是根据项目规模分析各项投资分解项的工程数量，由于此时尚无设计图纸，因此要求估算师具有丰富的经验，并对工程内容做出许多假设。

【案例1-12】 按照德国标准，拥有400张床位、具有各种科室的综合性医院总建筑面积约需59000多平方米。考虑到该医院同时是教学、科研的重要基地，因此估算方案可将项目总建筑面积扩大到$65000m^2$（比德国标准增加面积为$5637m^2$，用于增加教学科研设施）。各区的建筑面积分配如表1-8所示。

估算建筑面积表（m^2） 表1-8

序号	项 目	使用面积	公共部分分摊	合 计	增加	建筑面积总计
1	检查和治疗区	9232	8208	17440	0	17440
2	护理区	12030	10700	22730	0	22730

续表

序号	项目	使用面积	公共部分分摊	合计	增加	建筑面积总计
3	行政教研后勤区	10160	9033	19193	5637	24830
3.1	配套服务设施	2260	2010	4270	0	4270
3.2	物资管理	4220	3750	7970	0	7970
3.3	行政	1280	1140	2420	0	2420
3.4	教研	2400	2130	4533	5637	10170
	合计	31422	27941	59363	5637	65000

建筑安装工程投资估算将整个项目按三个功能区进行划分，分别为检查与治疗区、护理区以及行政教研后勤区。室外总图工程量按10万 m^2 估算。室外总图工程的内容包括汽车道路2万 m^2，人行道及绿化园区人行道1万 m^2，广场及停车场2万 m^2 和绿化面积5万 m^2。

各分解项的具体工程数量估算参见表1-9。

检查与治疗区建筑安装工程投资估算明细表　　　表1-9

序号	项目名称	单位	数量	单价（元）	合计（万元）	单位造价元/m^2
	检查与治疗区	万元			17946.00	10290
1	工程费用	万元			14231.50	8160
1.1	土建工程	万元			8318.90	4770
1.1.1	打桩	m^2	17440	150	261.60	
1.1.2	基坑围护	m^2	17440	220	383.70	
1.1.3	地下结构	m^2	17440	400	697.60	
1.1.4	地上结构	m^2	17440	800	1395.20	
1.1.5	建筑	m^2	17440	400	697.60	
1.1.6	外立面装修	m^2	17440	800	1395.20	
1.1.7	精装修	m^2	17440	2000	3488.00	
1.2	设备及安装工程	万元			4981.60	2856
1.2.1	变配电	m^2	17440	250	436.00	
1.2.2	动力及照明	m^2	17440	300	523.20	
1.2.3	柴油机发电	m^2	17440	100	174.40	
1.2.4	给排水及冷却水系统	m^2	17440	200	348.80	

续表

序号	项目名称	单位	数量	单价（元）	合计（万元）	单位造价元/m²
1.2.5	消防喷淋及CO_2灭火	m²	17440	120	209.30	
1.2.6	空调通风	m²	17440	800	1395.20	
1.2.7	锅炉房及动力	m²	17440	80	139.50	
1.2.8	电梯	台	6	60万元	360.00	
1.2.9	智能化	m²	17440	800	1395.20	
1.3	零星工程费	%	5	13300万元	665.00	381
1.4	总包管理费	%	2	13300万元	266.00	153
2	工程性费用	万元			2083.10	1195
2.1	建设单位管理费	%	5	14231万元	711.60	
2.2	人防建设费	m²	17440	50	87.20	
2.3	勘察费	万元			10.00	
2.4	设计费	%	3	14231万元	426.90	
2.5	监理费	%	1	14231万元	142.30	
2.6	电贴	KVA	2500	450	112.50	
2.7	水增容费	吨	300	825	24.80	
2.8	城市建设综合配套费	m²	17440	200	348.80	
2.9	招投标管理费	%	0.2	14231万元	28.50	
2.10	工程保险费	万元			34.00	
2.11	竣工图编制费	%	0.15	14231万元	21.30	
2.12	审计费	%	0.1	14231万元	14.20	
2.13	联合试运转费	%	1	4982万元	49.80	
2.14	其他零星收费项目	%	0.5	14231万元	71.20	
3	预备费	万元			1631.40	935
3.1	价格上涨预备金	%	3	16314万元	489.40	
3.2	不可预见费	%	7	16314万元	1142.00	

第三步是根据项目标准估算各项投资分解项的单价，此时尚不能套用概预算定额，要求估算师拥有大量的经验数据及丰富的估算经验。

【案例1-13】 工程数量和工程单价估算均需要若干与实际相符合的估算依据与假设条件。以土建工程估算为例，某中德合资医院项目的土建工程估算依据与假设条件如下。

1) 建筑物按照地上两层（局部七层）考虑。

2) 主要建筑物局部有一层地下层作设备用房及地下停车场。

3) 根据上海地区实际地质条件,建筑物需用桩基作承载,按采用钢筋混凝土方桩考虑。

4) 根据上海地区实际地质条件,地下室施工前,需要先施工基坑围护,保证安全。本估算考虑了这部分工程内容。

5) 基础采用箱形基础,结构形式为框架结构,层高为4m左右。混凝土工程按照采用商品混凝土进行估算。

6) 外立面装饰工程及室内精装修工程,其主要工程材料(如石材、木板材等)按采用高档进口材料进行估计(其中物资及配套设施按中高档估计)。

第四步是根据数量和单价计算投资合价。有了每一项投资分解分项的投资合价以后,即可进行逐层汇总。每一个父项投资合价都是子项各投资合价汇总之和,最终得出项目投资总估算,并形成估算明细表和汇总表。

【案例 1-14】 某中德合资医院估算表如表 1-9 及表 1-10 所示。

建筑安装工程投资估算汇总表(万元)　　　　表 1-10

序号	项目	工程费用	工程性费用	预备费	小计
1	检查与治疗区	14231.50	2083.10	1631.40	17946.00
2	护理区	19167.00	2773.60	2194.00	24134.60
3	行政教研后勤区	19649.70	2884.80	2253.50	24788.00
4	室外总图工程	2751.00	273.80	302.40	3327.20
5	合计	55799.20	8015.30	6381.30	70195.80

第五步是对估算所作的各项假设和计算方法进行说明,编制投资估算说明书。

从以上分析可以看出,项目总投资估算要求估算师具有丰富的实践经验,了解大量同类或类似项目的经验数据,掌握投资估算的计算方法,因此投资估算是一项专业性较强的工作。

项目总投资估算主要是用来论证投资规划的可行性以及为项目财务分析和财务评价提供基础,进而论证项目建设的可行性。一旦项目实施,项目投资估算也是投资控制的重要依据。

总投资估算在项目前期往往要进行多次的调整、优化,并进行论证,最终确定总投资规划文件。

2. 项目融资方案策划

融资方案策划是项目经济策划的重要组成部分,其主要内容是确定项目的融资主体及其出资方式。各融资主体的具体出资比例,可在之后编制的资金筹措计划中确定。

【案例 1-15】 某中德合资医院项目策划小组通过对法律、政策的研究以及对各方投资意愿的分析,制定了如图 1-8 所示的融资方案。

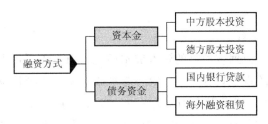

图 1-8 某中德合资医院项目融资方案

3. 项目经济评价

项目的经济可行性评价系统包括项目国民经济评价、财务评价和社会评价三个部分,它们分别从三个不同的角度对项目的经济可行性进行分析。国民经济评价和社会评价从国家、社会宏观角度出发考察项目的可行性,而财务评价则是从项目本身出发,考察其在经济上的可行性。虽然这三个方面最终的目的都是判断项目是否可行,但是它们各有不同的侧重点,在实际进行项目可行性研究时,由于客观条件的限制,并不是所有的项目都进行国民经济评价和社会评价,只有那些对国家和社会影响重大的项目才在企业财务评价的基础上进行国民经济评价或者社会评价。

所谓财务评价是根据国家现行的财税制度和价格体系,分析、计算项目直接发生的财务效益和费用,编制财务报表,计算评价指标,考察项目的获利能力和清偿能力等,据以判断项目的可行性。财务评价主要包括基础数据与参数选取、服务收支预测、财务报表编制和评价指标计算、财务评价结论、不确定性分析等步骤。

【案例 1-16】 某中德合资医院项目财务评价内容如下。

(1) 基础数据与参数选取

某中德合资医院项目财务评价的基础数据和参数包括项目评价的计算期、基准贴现率、资金筹措计划、资产折旧、摊销年限及残值率和税率等。

1) 计算期选取

医院项目的经营期限都比较长,因此项目计算期的选取一般也比较长。我国

《中外合资、合作医疗机构管理暂行办法》还规定，中外合资医院的经营期限不得超过20年，中外合资营利性医院项目财务评价计算期一般都选在10~20年之间。同时，计算期的选取还要考虑中外双方合作方式、股份比例和投资回报方式等的影响。一般来说，外方投资高的项目计算期比较长，而该项目外方投资股份占总投资的70%。

综合以上数据分析，该项目财务评价计算期为15年。其中，建设期为2年，经营期为13年。

2) 财务基准贴现率

财务基准收益率根据该项目的资本成本而定。由于该项目采用多元化融资方式，因此不同渠道的投资具有不同的财务基准收益率。该项目银行长期贷款利率为6%；设备融资中，设备融资利率为8%；自有资金收益率15%、德国投资收益率为20%；国内投资的资金成本率为10%。因此，该项目财务评价的基准贴现率选取如表1-11所示。

基准贴现率选取表　　　　　　　　　　表1-11

贴现率	税后	税前
全部投资贴现率	8.75%	10.18%
资本金贴现率	17.55%	17.55%
中方投资贴现率	15%	15%
德方投资贴现率	20%	20%
国内投资贴现率	10%	10%

3) 分年投资与资金筹措计划

该项目建设期为两年，土建投资建设期第一年投入比例为40%，第二年比例为60%。设备在第二年投入，土地费用在第一年投入。设备投资中有3543万欧元通过融资租赁获得，其他各年所需投资先通过资本金筹措解决，不足部分借款。具体投资使用及资金筹措计划见表1-12。

投资使用及资金筹措计划表（万欧元）　　　　表1-12

序号	项目	第1年	第2年	合计
1	总投资	7410	13790	21200
1.1	建筑安装费	4400	6600	11000
1.2	设备安装费	—	4000	4000
1.3	土地费	3000		3000

续表

序号	项目	第1年	第2年	合计
1.4	启动资金	10	3190	3200
1.4.1	建设期利息	10	328	338
1.4.2	补亏		2862	2862
2	资金筹措	7410	13790	21200
2.1	自有资金	7066	—	7066
2.1.1	德方自有资金	3604	—	3604
2.1.2	中方自有资金	3462		3462
2.2	债务融资	344	13790	14134
2.2.1	中国银行贷款	344	10256	10600
	借款本金	334	9928	10262
	利息	10	328	338
2.2.2	设备海外融资租赁	—	3534	3534

4) 资产折旧、摊销年限及残值率

本项目中，建筑物的折旧年限为30年，残值率为10%；设备折旧年限为7年，残值率为10%；土地作为无形资产进行摊销，摊销年限为48年。所有的折旧摊销均按照年限平均法计算。

5) 税收

目前对于中外合资盈利性医院的税收政策还不是十分明朗。根据文件《关于医疗卫生机构有关税收政策的通知》的规定，非盈利性医院经营期前三年免收各项税，至于三年经营期满之后的税率，目前还没有统一的规定。从保守预测和为投资者负责的角度出发，本项目按照经营期前三年免税，以后所得税按税前利润33%的税率征收，营业税按营业额的5%计算。本项目属合资企业，合资企业的三项基金包括职工奖励和福利基金、储备基金和企业发展基金，本项目的三项基金按税后利润的15%提取。

6) 服务负荷

由于大型综合性的中外合资盈利性医院还处于探索阶段，国内高端医疗市场还不是非常成熟，而且这类医院往往得不到医保份额，因此需要根据项目市场需求及本项目发展情况，合理预测经营期初期的服务负荷。本项目预测在经营期前两年的服务负荷分别为50%和80%，经营期第三年开始服务负荷为100%，而相应的营运材料投入负荷经营期第一年为70%,经营期第二年开始为100%。

(2) 服务收支预测

1) 营业收入预测

医院项目的服务收入主要包括住院病人手术业务收入、门诊病人手术业务收入、分娩收入、门诊病人收入及护理业务收入等。该项目的营业收入预测如表1-13所示,达到满负荷运转后年总收入为9161万欧元。

营业收入预测及依据表　　　　　　　　　　　　表 1-13

项　目		单价（欧元）	容量（人次）	平均年收入（万欧元）	预测依据
住院病人手术业务	大手术	7000	2500	1750	市场调研；目前上海外籍人士数量；外籍人士就医情况；德国ERP银行专家预测；××医院专家预测
	中手术	4500	3000	1350	
	小手术	2250	7500	1688	
门诊病人手术业务		400	34000	1360	
分娩		3000	800	240	
门诊病人业务		80	100000	800	
护理业务		400	49347	1974	

2) 成本费用估算

医院项目的总成本费用包括材料费、保险税收、修理费、营运信贷、人员工资福利费、折旧费、摊销费、财务费用和其他费用等。医院的总成本费用中所占比例最大的部分为人员费用。中外合资医院希望引进国外先进的管理和技术,因此需要引进国外优秀的医院管理人才、医生以及医疗技术人才来华管理和行医。

最开始,策划小组设想该医院全部由德国人承担医院的运营工作,但是同时也注意到,国外人力资源的成本远远高于我国。为使医院既保持德国特色,同时又要使项目可行,经过多方认证和调查,最终确定医院人力资源由中德双方人员共同组成,各部分人员组成比例和工资标准如表1-14所示。

人员组成比例与工资标准　　　　　　　　　　　　表 1-14

项　目	总人数	中方比例	人均工资（欧元）	德方比例	人均工资（欧元）
医生	240	70%	21440	30%	65000
护士	294	70%	13400	30%	43000
医疗技术助手	542	90%	8000	10%	35200

续表

项　　目	总人数	中方比例	人均工资（欧元）	德方比例	人均工资（欧元）
技术服务(辅助员工)	212	100%	10640	0	33500
技术服务	47	90%	10720	10%	38000
行政	91	90%	10720	10%	46000

从表中可以看出，中德双方的人力资源成本相差悬殊，策划小组所测算的中方人力资源成本已经考虑到了医院高标准、高规格人力资源组成的要求。项目总成本费用的详细数据如表1-15所示(以经营期3~8年为例)。

项目总成本费用估算表(万欧元)　　　　表1-15

序号	内　容	合计	1	2	3	4	5	6
1	食品	1281	71	101	101	101	101	101
2	医疗物品	9331	514	735	735	735	735	735
3	水、电及可燃物	1380	76	109	109			
4	家用材料	2103	116	166	166			
5	行政用材料	1314	72	103	103			
6	保险、税收等	526	29	41	41			
	…							
14	摊销费	813	63					
15	财务费用	5143						
16	总成本费用	72537						
	其中：可变成本	20600						
	固定成本	51938						
17	经营成本	55277						

(3) 编制各项财务报表和计算评价指标

在完成了基础数据和参数的收集、财务收支预测之后，策划小组按照国家技术经济评价的相关规定和算法进行各项财务报表的编制和各项技术经济评价指标的计算，编制了现金流量表、损益和利润分配表和资金来源与运用表等报表，同时还计算了项目净现值、内部收益率、投资回收期等评价指标。

需要指出的是，策划小组不仅编制了项目本身的现金流量表，计算出了投资收益率，还编制了项目资本金现金流量表，计算出了资本金内部收益率。由于该项目为中外合资项目，还分别编制了中方、外方资金的现金流量表，分别计算出了他们的内部收益率。

(4) 财务评价结论

在编制完成各项财务报表并计算出各项财务评价指标之后，得出了该项目的财务评价结论。财务评价结论包括项目获利能力分析、财务可持续性和清偿能力分析。

1) 项目获利能力分析

该医院的投资盈利能力指标计算结果如表 1-16 所示：

投资盈利能力指标表　　　　　　　　　　　　　　　表 1-16

	评价指标	项目	资本金	中方投资	德方投资	国内投资
税前	净现值(万欧元)	4741	2697	—	—	5225
	内部收益率(%)	13.95	24.55	—	16.5	15.3
	投资回收期(年)	7.82	5.77	—	—	—
税后	净现值(万欧元)	2709	610	1440	—	5225
	内部收益率(%)	10.91	19.37	22.14	16.5	15.3
	投资回收期(年)	8.58	6.28	—	—	—

从上表可以看出，本项目全部投资的税后内部收益率为 10.91%，在 8～9 年内收回全部投资；项目税后资本金收益率为 19.37%，资本金在 6～7 年内收回；中方投资内部收益率 22.1%；国内投资收益率为 15.3%。均满足财务基准值要求，项目可行。

2) 资金平衡能力分析

资金平衡能力分析的目的是考察项目在经营期能否保持资金的收支平衡，是否需要进行借款。该项目的资金来源与运用如表 1-17 所示(1～8 年为例)。

资金来源与运用表(万欧元)　　　　　　　　　表 1-17

序号	项目	合计	1	2	3	4	5	6	7	8
1	资金流入	142619	7410	13790	4792	7410	9161	9161	9161	9161
1.1	经营收入	112685			4581	7329	9161	9161	9161	9161
1.2	长期借款	10600	344	10256						
1.3	设备融资租赁	3534	—	3534						
1.4	项目资本金	7066	7066	—						

续表

序号	项目	合计	1	2	3	4	5	6	7	8
1.5	流动资金借款				211	81				
1.6	回收固定资产余值	8230								
1.7	回收流动资金	211								
2	资金流出	128273	7410	10928	7342	7699	7618	9003	9034	9067
2.1	经营成本	55277			3807	4289	4289	4289	4289	4289
2.2	营业税金及附加	4581			—	—	—	458	458	458
2.3	所得税	10624						927	958	991
2.4	建设投资	8338	7410	10928						
2.5	设备更新投资	4000								
2.6	流动资金	292			11	81				
2.7	利息支出	5340			930	857	775	688	594	494
2.8	偿还债务本金	13817			1154	1231	1313	1401	1495	1594
2.9	分配利润	12401			1240	1240	1240	1240	1240	1240
2.10	权益资金退出									
3	资金盈余	14345	—	2862	−2551	−289	1543	158	127	94
4	累计资金盈余		—	2862	312	23	1566	1724	1852	1946

从上表我们可以看出，本项目在第3年、第4年的盈余资金为负，主要原因是第3年和第4年的服务未满负荷，营业收入较少，由于筹资预留了资金，因此累计盈余资金为正，项目在运营前两年能够实现资金平衡。

3）偿债能力分析

偿债能力分析主要通过利息备付率和偿债备付率两个指标进行分析。本项目的利息备付率和偿债备付率的详细数据如表1-18所示。

利息备付率和偿债备付率表　　　　　表1-18

指标/年份	第3年	第4年	第5年	第6年	第7年	第8年	第9年	第10年	第11年	第12年	整个计算期
利息备付率(%)	−0.2	2.5	5.2	5.2	6.0	7.3	9.4	14.2	19.9	34.5	8.7
偿债备付率(%)	−0.1	1.1	2.0	1.8	1.8	1.9	1.9	2.9	3.0	3.0	2.3

从表中可见，本项目在整个计算期内的利息备付率大于2，第3年的利息备付率小于2，原因在于营业收入较少，可以通过启动资金进行偿还贷款利息。除

第 3 年外其他年份的利息备付率也均大于 2，说明本项目有较强的付息能力；除第 3 年外，各年及整个计算期内的偿债备付率均大于 1，说明本项目的资金来源足以偿还当期债务。

（5）不确定性分析

1）敏感性分析

敏感性分析预测主要因素发生变化时，对项目财务评价指标的影响，要分析其敏感程度。影响医院投资项目财务评价指标的主要因素有：营业收入、工资福利费和土建投资等。在该项目中，选取中方投资内部收益率作为分析的评价指标，考虑中方投资内部收益率对收入变化和土建投资变化的敏感性，计算过程和最终计算结果如表 1-19 和图 1-9 所示。

中方投资内部收益率敏感性分析表　　　　表 1-19

变化		收入变化						
		65%	70%	75%	80%	85%	90%	95%	100%
工资福利费变化	50%	6.9%	11.6%	17.0%	22.8%	28.9%	34.8%	40.5%	45.8%
	60%	3.7%	7.9%	12.7%	18.1%	23.9%	29.8%	35.6%	41.1%
	70%	0.9%	4.7%	8.9%	13.8%	19.1%	24.9%	30.7%	36.3%
	80%	—	1.8%	5.6%	9.9%	14.8%	20.2%	25.8%	31.5%
	90%	—	−0.8%	2.7%	6.6%	10.9%	15.8%	21.2%	26.7%
	100%	—	—	0.0%	3.6%	7.5%	11.9%	16.8%	22.1%
	110%	—	—	—	0.9%	4.4%	8.4%	12.9%	17.8%
	120%	—	—	—	—	1.7%	5.3%	9.4%	13.9%
	130%	—	—	—	—	−0.8%	2.6%	6.2%	10.3%
	140%	—	—	—	—	—	0.0%	3.4%	7.1%
	150%	—	—	—	—	—	—	0.8%	4.2%
土建投资变化	50%	—	−0.5%	5.1%	11.9%	19.9%	28.7%	37.7%	46.3%
	55%	—	−0.9%	4.3%	10.5%	17.8%	26.0%	34.4%	42.5%
	60%	—	—	3.6%	9.3%	16.0%	23.5%	31.4%	39.2%
	65%	—	—	3.0%	8.3%	14.4%	21.4%	28.8%	36.2%
	70%	—	—	2.4%	7.4%	13.1%	19.5%	26.5%	33.5%
	75%	—	—	1.9%	6.5%	11.9%	17.9%	24.4%	31.1%
	80%	—	—	1.5%	5.8%	10.8%	16.4%	22.5%	28.9%
	85%	—	—	1.1%	5.2%	9.8%	15.1%	20.8%	26.9%
	90%	—	−2.8%	0.7%	4.6%	9.0%	13.9%	19.3%	25.1%
	95%	—	—	0.4%	4.0%	8.2%	12.9%	18.0%	23.5%
	100%	—	—	0.0%	3.6%	7.5%	11.9%	16.8%	22.1%

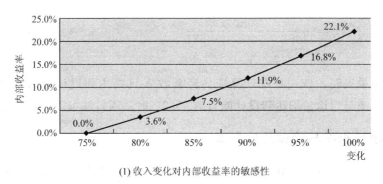

(1) 收入变化对内部收益率的敏感性

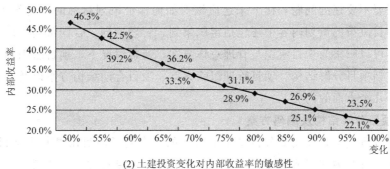

(2) 土建投资变化对内部收益率的敏感性

图 1-9 中方投资内部收益率敏感性分析图

从以上图表的分析和结果中可见，在其他因素不变的情况下，收入下降10%项目即不可行，所以应对收入给予特别关注，可通过加强市场分析，以增加收入预测的可靠性，另一方面可设法降低成本。如果土建投资降低30%，资本金投入不变，中方内部收益率可提高到33.5%，此时收入降低只要不超过15%，项目仍有不错的投资效益。若工资福利费比预测值提高30%，土建投资降低30%，收入不变，中方内部收益率达17.1%。因此中方投资内部收益率对土建投资的敏感性不是很强。

2）盈亏平衡分析

盈亏平衡分析着眼于项目经营的服务量、成本和盈利三者之间的相互关系进行分析，找出投资项目在服务量、价格和成本方面的盈亏界限，据此判断项目是否可行。

该医院项目在整个计算期内，用服务能力利用率表示盈亏平衡点（BEP），其计算公式为：

$$BEP = \frac{固定成本}{经营收入-可变成本-销售税金及附加} \times 100\%$$

$$=\frac{57080}{112685-20600-4581}$$
$$=65.2\%$$

计算结果表明,该项目在计算期内经营收入只要达到设计能力的65.2%,也就是住院率与门诊量均达到设计能力的65.2%时,项目就可以达到盈亏平衡。

1.3.4 项目组织与管理总体方案

项目定义、项目功能分析与面积分配基本上回答了建什么的问题,而经济策划回答了要不要建的问题,接下来还应该对如何保证策划目标的实现作出分析。因此在项目决策的策划内容中还包括组织策划、管理策划、合同策划等内容,这三项内容可以归集为项目组织与管理总体方案。通常情况下,项目组织与管理总体方案包括项目分解结构、项目管理组织方案、项目合同结构方案以及项目总进度纲要等几个方面的内容。

1. 项目分解结构及编码方案

项目分解结构是在功能分析基础上得出的,表明了项目由哪些子项目组成,子项目又由哪些内容组成。项目分解结构及编码是项目管理工作的第一步,是有效进行项目管理的基础和前提。项目分解结构的好坏,将直接关系到项目管理组织结构的建立,关系到项目合同结构的建立,并进一步影响到项目的管理模式和承发包模式。

项目分解结构及编码与项目总投资规划、项目总进度规划也密切相关,将指导项目总投资分解与编码、总进度的分解与编码。通过对项目进行合理分解,将有利于项目投资、进度、质量三大目标的控制,有利于项目全过程的工程实施。

项目分解结构的建立工作不是一次性的,而是一个动态的过程,随着项目实施的进展,要对其不断进行调整、补充和完善。

2. 项目管理组织方案

项目管理组织方案主要涉及项目建设管理模式,具体包括项目管理的组织结构和项目建设的工作流程组织。项目管理组织结构反映了项目建设单位与项目参与各方之间的关系,以及项目建设单位的部门设置、指令系统、人员岗位安排等。有了项目管理的组织结构以后,就可以进行工作任务分工、管理职能分工等。

3. 项目合同结构方案

合同管理是项目管理中另一项非常重要的工作,合同管理的好坏将直接影响项目的投资、进度、质量目标能否实现。管理的内容包括合同结构的确定、合同文本的选择、招标模式、合同跟踪管理、索赔与反索赔等。其中合同结构的确定是非常关键的环节之一。

许多大型建设项目的项目管理实践证明，一个项目建设能否成功，能否进行有效的投资控制、进度控制、质量控制及组织协调，很大程度上取决于合同结构模式的选择，因此应该慎重考虑。

4. 项目总进度纲要

项目总进度纲要，范围应涉及项目建设全过程。项目总进度纲要是项目全过程进度控制的纲领性文件，在项目实施过程中，各阶段性进度计划、各子项目详细的进度计划都必须遵守项目总进度纲要。另一方面，总进度纲要也将随着项目的进展进行必要的调整。但不能因为总进度纲要会调整、会改变就不编制总进度纲要。

总进度纲要编制完成后，在项目实施过程中，还要进行多次的调整、优化，并进行论证，最终确定总进度纲要文件。

1.3.5 项目设计要求文件

项目决策策划的最终成果是项目设计要求文件的编制。项目设计要求文件是对项目设计的具体要求，这种要求是在确定了项目总体目标、分析研究了项目开发条件和问题、进行了详细的项目定义和功能分析基础上提出的，因此更加有依据，也更加具体，便于设计者了解业主的功能要求，了解业主对建筑风格的喜好，能在一定程度上减少设计的返工。设计要求文件是项目设计的重要依据之一。关于设计要求文件的更详细内容，将在第二章"设计过程项目管理"中结合有关案例进行深入的阐述。

1.4 项目实施策划

项目实施策划是在项目立项之后，为了把项目决策付诸实施而形成的具有可行性、可操作性和指导性的实施方案。项目实施策划又可称为项目实施方案或项目管理规划。

项目实施策划涉及整个实施阶段的工作，它属于业主方项目管理的工作范畴。如果采用建设项目总承包的模式，建设项目总承包方也应编制项目实施规划，但它不能代替业主方的项目实施策划工作。项目的其他参与单位，如设计单位、施工单位和供货单位等,为进行其自身项目管理都需要编制项目管理规划,但它只涉及项目实施的一个方面,并体现一个方面的利益,如设计方项目管理规划、施工方项目管理规划和供货方项目管理规划等。

项目实施策划内容涉及的范围和深度,在理论上和工程实践中并没有统一的规定,应视项目的特点而定,一般包括项目目标的分析和再论证、项目组织策划、项目管理制度与项目目标控制策划等。

项目实施策划一般宜先讨论和确定项目管理组织的内容,待组织方面基本确定后,再着手编制项目管理制度。项目实施的组织策划是项目实施策划的核心。本教材着重阐述以项目组织策划、项目管理制度为重点的项目管理实施策划。

1.4.1 项目实施的目标分析和再论证

在项目实施策划的开始,应根据项目实施的内外部客观条件重新对项目决策策划中提出的项目性质和项目目标进行分析和调整,进一步明确项目实施的目标规划,以满足项目自身的经济效益定位和社会效益定位。

项目目标的分析和再论证是项目实施策划的第一步。以建设工程项目为例,设计方、施工方或供货方的项目管理目标是项目周期中某个阶段的目标或是某个单体项目的目标,只有项目主持方项目管理的目标是针对整个项目、针对项目实施全过程的。所以在项目实施目标控制策划中,只有从项目主持方的角度,才能统筹全局,把握整个项目管理的目标和方向。

项目目标的分析和再论证包括编制三大目标规划:

1) 投资目标规划,在项目决策策划中的总投资估算基础上编制;
2) 进度目标规划,在项目决策策划中的总进度纲要基础上编制;
3) 质量目标规划,在项目决策策划中的项目定义、功能分析与面积分配等基础上编制。

1.4.2 项目组织策划

项目的目标决定了项目的组织,组织是目标能否实现的决定性因素。国际和国内许多大型建设项目的经验和教训表明,只有在理顺项目参与各方之间、业主方和代表业主利益的工程管理咨询方之间、业主方自身工程管理班子各职能部门之间的组织结构、任务分工和管理职能分工的基础上,整个工程管理系统才能高效运转,项目目标才有可能被最优化实现。

项目实施的组织策划是指为确保项目目标的实现,在项目开始实施之前以及项目实施前期，针对项目的实施阶段，逐步建立一整套项目实施期的科学化、规范化的管理模式和方法，即对项目参与各方、业主方和代表业主利益的项目管理方在整个建设项目实施过程中的组织结构、任务分工和管理职能分工、工作流程等进行严格定义，为项目的实施服务，使之顺利实现项目目标。

组织策划是在项目决策策划中的项目组织与管理总体方案基础上编制的，是组织与管理总体方案的进一步深化。组织策划是项目实施策划的核心内容，项目实施的组织策划是项目实施的"立法"文件，是项目参与各方开展工作必须遵守的指导性文件。组织策划主要包括以下内容。

1. 组织结构策划

项目管理的组织结构可分为三种基本模式，即线型组织模式、职能型组织模式和矩阵型组织模式。项目管理组织结构策划就是以这三种基本模式为基础，根据项目实际环境情况分析，应用其中一种基本组织形式或多种基本组织形式组合设计而成。

【**案例 1-17**】某中德合资医院项目的项目组织结构方案如图 1-10 所示。

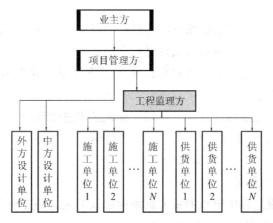

图 1-10 某中德合资医院项目的项目组织结构方案图

对于一般项目，确定组织结构的方法为：首先确定项目总体目标，然后将目标分解成为实现该目标所需要完成的各项任务，再根据各项不同的任务，选定合适的组织结构形式。对于项目建设组织来说，应根据项目建设的规模和复杂程度等各种因素，在分析现有的组织结构形式的基础上，设置与具体项目相适应的组织层次。

2. 任务分工策划

在组织结构策划完成后,应对各单位部门或个体的主要职责进行分工。项目管理任务分工就是对项目组织结构的说明和补充,将组织结构中各单位部门或个体的职责进行细化扩展,它也是项目管理组织策划的重要内容。项目管理任务分工体现组织结构中各单位部门或个体的职责任务范围,从而为各单位部门或个体指出工作的方向,将多方向的参与力量整合到同一个有利于项目开展的合力方向。

【案例1-18】 例如,某中德合资医院项目中,项目管理方的工作任务包括质量、进度、投资等三大目标的控制和合同管理、信息管理以及组织协调等六大方面。

(1) 进度控制的任务

1) 编制项目总进度规划,并根据需要定期进行调整;

2) 分析设计方提出的设计进度计划,并从项目实施总进度角度提出调整意见;

3) 监督和跟踪设计实际进展情况,在进度偏离计划时提出意见要求其调整;

4) 进行初步设计审批后遗留问题的处理,以使设计不影响施工工期;

5) 督促设计出图,及时解决设计过程中遇到的问题,以使设计顺利进行;

6) 分析施工方、施工监理方提出的施工进度计划,并提出调整意见使之满足项目总进度规划的要求;

7) 督促施工监理单位进行施工协调,保证施工进度计划的实现;

8) 督促施工监理单位进行设备采购的协调,满足施工与安装进度计划的需要。

(2) 质量控制的任务

1) 对项目实施过程中出现的重大疑难问题及时地向施工单位提出处理要求,并配合监理单位协调各方及时解决问题;

2) 从建筑、结构、给排水、暖通空调、强电、弱电(含智能化工程)各专业工种角度仔细分析初步设计修改图纸,并提出深化设计的意见和要求;

3) 组织外部专家论证重要专业技术问题,提出解决方案;

4) 编制施工图设计任务书;

5) 协同设计方分析各特殊工艺设计、设备选型,提出解决方案;

6) 负责设计变更管理,分析设计变更对工程质量、进度、投资的影响,决

策是否进行变更;

7)协调各方严格预防重大质量事故或问题。

(3)投资控制的任务(略)

(4)信息管理的任务(略)

(5)合同管理的任务(略)

(6)组织与协调的任务(略)

在明确项目参与各方的任务分工的基础上,可以编制工作任务分工表。

3. 管理职能分工策划

管理职能分工与任务分工一样也是组织结构的补充和说明,体现对于一项工作任务,组织中各任务承担者管理职能上的分工,与任务分工一起统称为组织分工,是组织结构策划的又一项重要内容。

对于一般的管理过程,其管理工作即管理职能都可分为策划(Planning)、决策(Decision)、执行(Implement)、检查(Check)这四种基本职能。管理职能分工表(如表1-20所示)就是记录对于一项工作任务,组织中各任务承担者之间这四种职能分配的形象工具。它以工作任务为中心,规定任务相关部门对于此任务承担何种管理职能。

某中德合资医院项目管理职能分工表　　　　表1-20

序号		任　务	业主方	项目管理方	工程监理方
	设计阶段				
1	审批	获得政府有关部门的各项审批	I		
2		确定投资、进度、质量目标	D C	P C	P I
3	发包与合同管理	确定设计发包模式	D	P I	
4		选择总包设计单位	D I	P	
5		选择分包设计单位	D C	P I C	P C
6		确定施工发包模式	D	P I	P I
7	进度	设计进度目标规划	D C	P I	
8		设计进度目标控制	D C	P I C	
9	投资	投资目标分解	D C	P I	
10		设计阶段投资控制	D C	P I	
11	质量	设计质量控制	D C	P I	
12		设计认可与批准	D I	P C	

续表

序号	任务		业主方	项目管理方	工程监理方
	招标阶段				
13	发包	招标、评标	DC	PI	PI
14		选择施工总包单位	DI	PI	PI
15		选择施工分包单位	D	PI	PIC
16		合同签订	DI	P	P
17	进度	施工进度目标规划	DC	PC	PI
18		项目采购进度规划	DC	PC	PI
19		项目采购进度控制	DC	PIC	PIC
20	投资	招标阶段投资控制	DC	PIC	
21	质量	制定材料设备质量标准	D	PC	PIC

备注：P——策划　D——决策　I——执行　C——检查

组织结构图、任务分工表、管理职能分工表是组织结构策划的三个形象工具。其中组织结构图从总体上规定了组织结构框架，体现了部门划分；任务分工表和管理职能分工表作为组织结构图的说明补充，详细描绘了各部门成员的组织分工。这三个基本工具从三个不同角度规定了组织结构的策划内容。

4．工作流程策划

项目管理涉及众多工作，其中就必然产生数量庞大的工作流程，依据建设项目管理的任务，项目管理工作流程可分为投资控制、进度控制、质量控制、合同与招投标管理工作流程等，每一流程组又可随工程实际情况细化成众多子流程。

投资控制流程包括：

1）投资控制整体流程；

2）投资计划、分析、控制流程；

3）工程合同进度款付款流程；

4）变更投资控制流程；

5）建筑安装工程结算流程等。

进度控制工作流程包括：

1）里程碑节点、总进度规划编制与审批流程；

2）项目实施计划编制与审批流程；

3）月度计划编制与审批流程；

4) 周计划编制与审批流程；

5) 项目计划的实施、检查与分析控制流程；

6) 月度计划的实施、检查与分析控制流程；

7) 周计划的实施、检查与分析控制流程等。

质量控制工作流程包括：

1) 施工质量控制流程；

2) 变更处理流程；

3) 施工工艺流程；

4) 竣工验收流程等。

合同与招投标管理工作流程包括：

1) 标段划分和审定流程；

2) 招标公告的拟定、审批和发布流程；

3) 资格审查、考察及入围确定流程；

4) 招标书编制审定流程；

5) 招标答疑流程；

6) 评标流程；

7) 特殊条款谈判流程；

8) 合同签订流程等。

1.4.3 项目目标控制策划（项目管理制度）

项目目标控制策划是指在明确了项目管理的组织的前提下，根据项目实施的不同阶段和项目管理的不同任务，明确项目主持方的项目管理工作内容以及项目各参与方共同遵守的项目管理制度。项目目标控制策划工作内容主要包括项目实施进度控制策划、项目实施投资控制策划、项目实施质量控制策划等。

项目主持方的项目管理工作内容是针对项目主持方的工作制度，为了更好地实现项目目标，统一项目各参与方的职责、权利和义务，项目实施策划还需根据项目的具体情况制定有针对性的项目管理制度，一般包括：《项目工程廉政建设制度》、《项目工程现场安全文明施工管理制度》、《项目工程进度管理办法》、《项目工程质量管理办法》、《项目工程检测管理办法》、《项目工程精装修管理办法》、《项目工程专业分包和主要材料设备管理办法》、《项目工程技术核定单和经济签证单管理办法》、《项目工程用款（月进度款）申请管理办法》、《项目工程审价、工程结算的管理办法》、《项目文明施工管理办法》等。

【案例 1-19】 某中德合资医院项目实施进度控制策划

进度控制的基本原理是动态控制原理,即:

1)在项目实施的各阶段正确编制进度计划;

2)准确、完整、及时地收集实际进展数据;

3)将进度计划与实际进度作动态跟踪比较;

4)当发现进度拖延,及时采取纠偏措施。

在项目实施前,进度控制方面的首要工作是编制项目总进度规划,范围应涉及项目建设全过程。项目总进度规划是项目全过程进度控制的纲领性文件,在项目实施过程中,各阶段性进度计划、各子项目详细的进度计划都必须遵守项目总进度规划。另一方面,总进度规划也将随着项目的进展进行必要的调整。不能因为总进度规划会调整、会改变就不编制总进度规划。

1. 进度分解结构和编码

编制总进度规划的第一步是进行进度分解和编码。

由于大型项目的复杂性,因此其产生的活动也是不计其数,横向上有诸多分部分项工程,纵向有若干阶段及界面,而且也受到各种资源供应的限制。因此,对进度结构的合理分解有助于分析影响进度的因素,更好地进行进度控制。进度分解遵循 WBS(Work Breakdown Structure)的规律,按照这一原则,对该工程进行进度结构分解。

本项目的进度分解结构图如图 1-11 所示。

2. 进度计划审核

有了总进度规划以后,在项目实施的各阶段,项目参与各方应在总进度规划的指导下编制各子项详细进度计划。

对业主方和项目管理方来说,对项目各建设阶段各有关单位编制的进度计划进行审核,是进度控制的重要任务之一。审核时,要以进度目标规划为准绳,审核各阶段进度计划中各项活动及其搭接关系是否科学、合理,审核关键线路、里程碑事件和关键活动在进度计划中完成的可行性、可靠性,审核现有各类资源情况能否确保计划完成,有何风险存在,分析影响进度计划实现的因素,提出预控措施。

设计方、施工方、供货方编制的进度计划应作为合同履行所依照的文件,在进度计划上报给业主、项目管理和监理后,要由监理单位组织各项计划的审查,形成会议纪要,报业主批准后执行,并作为各单位计划执行、控制和检查的依据。

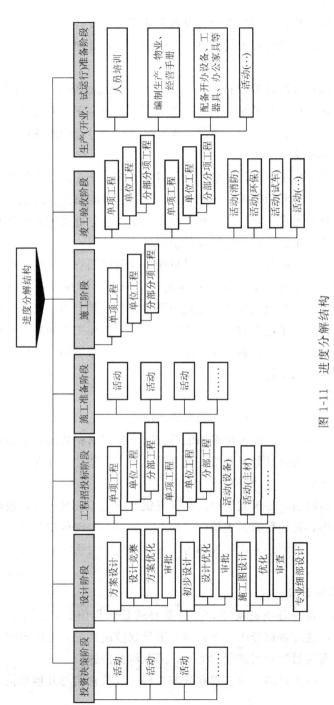

图 1-11 进度分解结构

（1）设计阶段

在设计合同中，应该明确三个阶段及各专业设计的设计进度计划要求，并检查、控制、掌握其执行设计计划的信息，分析影响设计计划进度的因素，及时提出建议报告。

我们非常强调设计阶段的项目管理。因为本项目设计采用中外合作的模式，双方的协调与合作对设计的质量、进度均非常重要。业主项目管理部门一定要注意为双方的协调与沟通创造便利的条件，随时掌握设计过程中的各种信息。

（2）工程招标阶段

初步设计或部分施工图设计结束，工程可进入施工任务招投标阶段。

在招投标工作正式开始以前，业主应该根据本项目的特点，对施工承发包的结构模式予以选择和确定。业主或监理单位要根据项目总进度规划编制总承包单位、专项分包单位、主要设备供应单位的招投标工作计划，这个计划应该充分考虑各专业工种施工的协调与配合，应该尽可能早的确定消防、弱电、电梯、水暖设备和医疗设备的安装单位，请他们尽早地介入项目，参加土建单位的现场会议，熟悉图纸，这样会让他们尽早地发现图纸中在各专业上不尽合理的地方，尽早提出变更方案，减少了返工的次数和难度，有利于保证工程的质量、进度和投资目标，同时他们的较早介入能够让土建施工单位全面考虑问题，使得各专业之间的施工界面变得更加友好。

（3）施工阶段

土建承包单位进入现场，应按合同要求及时提交施工组织总设计，其中有关施工总进度计划目标应与建设单位编制的总进度目标规划相协调，业主方的土建及各专业工程师要审查该计划，分析其编制的科学、合理性，并对其计划执行情况进行控制，分析原因后及时提出建议报告。

施工正式开始以后，要求施工单位必须提供每周施工进度计划，报给监理单位和业主审核备案，每周要召开现场施工例会，业主、监理单位和各施工单位均要参加，讨论上一周计划的完成情况和为实现下一周计划所需要各方协调解决的问题。

3. 进度数据的比较

执行、控制、检查各项进度计划，很重要的是收集信息，进行数据分析比较，用数据说话，通过数据分析检查各项进度计划控制情况，分析影响进度的原因，找出实际进度与目标计划进度的差距，采取纠偏措施。

要特别注意一些关键的单位工程和分部工程，以及它们与其他单位工程、分部工程、各专业工种之间界面的搭接关系,一定要把其进度计划分解详细,及时收集信息,掌握数据以分析完成该进度计划的可靠性,建立健全进度信息制度。

本项目要求项目管理方按照国际化项目管理标准,用计算机辅助项目进度控制。

【案例 1-20】 某中德合资医院项目实施投资控制策划

投资控制的基本原理是动态控制原理。

在项目实施前,投资控制方面的首要工作是编制项目总投资规划,总投资范围应包括所有与项目建设有关的全部费用。项目经济策划中所作的项目总投资估算可作为项目总投资规划。随着项目进展,本项目还将编制方案设计框算、扩初设计概算、施工图预算,在招标阶段还将编制标底,签订工程合同后有合同价,工程竣工有结算等等,因此工程项目建设是一个多次计价的过程。投资控制的动态控制就是将项目实施各阶段的投资计划值与投资目标进行比较,如果发现偏差及时采取纠偏措施。最终使项目实际总投资控制在总投资目标之内。

(1)投资控制任务

项目实施阶段的投资控制任务见表 1-21。

项目实施阶段的投资控制任务　　表 1-21

6.5.1.1	设计阶段的投资控制
01	在可行性研究的基础上,进行项目总投资目标的分析、论证
02	根据方案设计,审核项目总估算,供业主方确定投资目标参考,并基于优化方案协助业主对估算作出调整
03	编制项目总投资切块、分解规划,并在设计过程中控制其执行;在设计过程中若有必要,及时提出调整总投资切块、分解规划的建议
04	审核项目总概算,在设计深化过程中严格控制在总概算所确定的投资计划值中,对设计概算作出评价报告和建议
05	根据工程概算和工程进度表,编制设计阶段资金使用计划,并控制其执行,必要时,对上述计划提出调整建议
06	从设计、施工、材料和设备等多方面作必要的市场调查分析和技术经济比较论证,并提出咨询报告,如发现设计可能突破投资目标,则协助设计人员提出解决办法,供业主参考
07	审核施工图预算,调整总投资计划
08	采用价值工程方法,在充分满足项目功能的条件下考虑进一步挖掘节约投资的潜力
09	进行投资计划值和实际值的动态跟踪比较,并提交各种投资控制报表和报告
10	控制设计变更,注意检查变更设计的结构性、经济性、建筑造型和使用功能是否满足业主的要求

续表

6.5.1.2	施工阶段的投资控制
01	编制施工阶段各年度、季度、月度资金使用计划并控制其执行
02	利用专业投资控制软件(DP-1 CC)每月进行投资计划值与实际值的比较,并提供各种报表
03	工程付款审核
04	审核其他付款申请单
05	对施工方案进行技术经济比较论证
06	审核及处理各项施工索赔中与资金有关的事宜

(2) 不同阶段投资数据比较

在项目进展的过程当中,工程造价的计算是一个分阶段动态的过程。某中德合资医院项目将产生以下8类关于投资的数据:

1) 投资估算(投资规划);

2) 方案设计框算;

3) 初步设计概算;

4) 施工图预算;

5) 标底;

6) 合同价;

7) 实际投资;

8) 竣工结算。

各个阶段的投资数据以前一个阶段的估算为基础,但是经常会由于工程设计的变更、市场行情的变化以及一些原先没有考虑到的因素等等原因,各种投资数据之间产生比较大的差异。因此我们要在事前、事中对这种情况及时地进行控制。一方面,我们在设计阶段就要把投资控制放在很重要的位置,采取价值工程和限额设计的方法,争取设计阶段在满足功能要求的前提下能够尽量节约投资;另一方面我们要及时采集项目进展过程中各种实际投资的数据,与预算进行对比,发生偏离的时候要找到偏离的原因,及时制定纠偏措施。

不同阶段投资数据比较如图1-12所示。

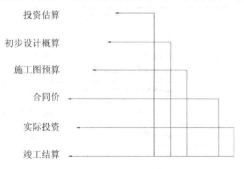

图1-12 不同阶段投资数据比较

2 设计过程项目管理

设计过程是项目实施阶段的重要环节。无数大型建设工程项目的实践证明,设计工作的好坏直接影响着设计质量的高低,影响着整个建设工程项目的投资、进度和质量,并对建设工程项目能否成功实施起到决定性的作用;此外,业主的意图能否得以充分的体现,关系到项目最终交付使用后的运营效果。因此,必须对设计过程的项目管理工作予以高度的重视。

项目设计绝不仅仅是设计单位的个体创造,还与委托方的参与和管理密切相关。委托方的设计管理对保障设计工作的质量和进度会起到关键的作用。建设工程项目业主是建设工程项目全过程的最高决策者,也是项目功能需求的提出者,往往还是最终用户和使用者,业主在设计的过程中应该主动、积极地配合设计单位的工作,在设计前明确设计要求,在设计过程中及时确认有关的设计文件和需要业主解决的其他问题。

设计往往不能简单地划为项目实施的一个单纯阶段,建设工程项目的设计过程贯穿于项目建设的全过程,从选址、可行性研究、决策立项,到设计准备、方案设计、初步设计、施工图设计、招标投标以及施工,一直延伸到项目的竣工验收、投产使用,都与设计有关,设计单位提供的服务贯穿于项目实施全过程,相应地,业主方对设计的管理和协调也应贯穿于项目建设的全过程。

设计管理的核心是通过建立一套沟通、交流与协作的系统化管理制度,帮助业主和设计方去解决设计过程中设计单位与业主(建设单位)、政府有关建设主管部门、承包商以及其他项目参与方的组织、沟通和协作问题,实现建设工程项目建设的艺术、经济、技术和社会效益的平衡。

本章将结合某金融大厦项目,分以下六部分内容对设计过程项目管理进行讲解:设计过程项目管理概述、设计过程项目管理的重要性、设计任务委托及设计合同结构、设计要求文件、设计委托合同、设计协调。

2.1 设计过程项目管理概述

2.1.1 设计过程的特点

要进行设计过程的项目管理工作,首先必须对设计过程的特点有所了解。与施工过程相比,设计过程具有三个方面的特点:创造性、专业性、参与性。

1. 创造性

设计过程是一个创造过程,它是一个"无中生有"、从粗到细、从轮廓到清晰的过程。应当注意的是,在项目设计中,设计的原始构思就是一种创造,应最大限度地发挥建筑师的创造性思维。但在整个设计过程中,并非所有的设计工作都是无中生有的,每个阶段的设计都应当是在上一阶段的设计成果及相关文件依据下而进行的,后一阶段设计的重点应该是把设计的前一阶段构思在优化的基础上进行细化,并将好的创意贯彻到底。

2. 专业性

设计过程是一项高度专业化的工作,必须委托有相应资质的专业人士来承担,而且专业分工很细,它是由各工程专业设计工种协作配合的一项工作。设计的专业性表现在以下两个方面:

1)我国对设计市场实行从业单位资质、个人执业资格准入管理制度,只有取得设计资质的单位和取得执业资格的个人才允许进行设计工作。1999年建设部第65号令《建设工程勘察设计市场管理规定》第一章第三条规定:"国家对设计市场实行从业单位资质、个人执业资格准入管理制度。"2001年建设部第93号令《建设工程勘察设计企业资质管理规定》第一章第三条规定:"建设工程勘察、设计企业……取得建设工程勘察、设计资质证书后,方可在资质等级许可的范围内从事建设工程勘察、设计活动。"当前我国建筑行业的专业注册制度正在逐步完善,目前已基本实行注册结构工程师、注册建筑师、注册咨询工程师、注册监理工程师和注册建造师制度等,一套基本完整的系统的专业注册管理制度已基本建立。

2)建设工程项目的设计工作是一项非常复杂的系统工程,绝不是某一个人可以完成的。它需要一个分工合理、专业完备且协调良好的团队,各个专业之间互相协调,经过大量的计算、绘图等工作才能完成。通常,项目设计工作需要有一个设计总负责人(一般为建筑师,有些项目根据专业的重要性则可由其他专业工程师负责),在设计总负责人的带领下,建筑、结构、暖通空调、给水排水、电气、智能化、概预算等多个专业协同工作,各司其职,共同完成设计任务。国外的设计团队一般都实行建筑师负责制,不仅起到设计负责人的作用,还起到项目经理的作用,负责与业主及管理部门协调、合同管理、投资控制、工程监管等(有些工作可以委托专业单位)。近年来,国内一些大型设计单位也开始实行项目经理制,对内管理设计工作的开展,对外协调业主和主管部门及其他项目参与各方,尤其在一些大型、复杂的项目上已有成功的经验。

3. **参与性**

如前所述,设计工作必须委托专业人士承担。但这并不意味着业主方委托了设计就万事大吉,只管等着拿设计成果。大量工程实践证明,设计过程是由业主、设计单位、咨询单位和施工单位以及材料设备供货商等众多项目参与方共同参与的一个过程,其中,业主方的参与是非常重要的。《园治》有云:"第园筑之主,犹须什九,而用匠什一。"其实不止造花园如此,对于所有建设工程项目,业主方的作用都是至关重要的,尤其是在项目设计阶段。业主方是建设工程项目全过程的最高决策者,也是项目功能需求的提出者,往往还是最终用户和使用者,业主方参与设计过程的项目管理对今后建设工程项目的实施及投入使用起着重要的作用。

【案例 2-1】 在某金融大厦项目中,业主在设计过程参与活动主要包括两方面内容:

1)明确提出各阶段设计的功能、内容、规模、标准、造价等要求;

2)及时确认有关的设计文件和需要业主解决的其他问题,承担及时决策的责任。

在国际上,普遍遵循"谁设计、谁负责"的基本原则,业主应尊重设计单位，但同时应加强对设计过程的参与、协调与控制。

2.1.2 设计过程的阶段划分

为了做好设计过程的项目管理，有必要理解设计过程的时间范畴，即阶段划分。对于建设工程项目的设计过程，可以从狭义和广义两个层次进行理解。狭义上的设计过程是指从组织设计竞赛或委托方案(或设计概念)设计开始，到施工图设计结束为止的设计过程，可以划分为方案设计、初步设计和施工图设计三个主要阶段，如图 2-1 中的分法 1。另外，还有其他的一些分法，比如将设计过程划分为初步设计、技术设计、施工图设计，或者初步设计、扩大初步设计、施工图设计，如图 2-1 中分法 2、分法 3 所示。但无论怎样划分，都应遵循这样一条原则，即前一阶段应当满足后一阶段设计的需要，每一个阶段的设计成果输出都将成为下一阶段设计工作的输入，这个循环过程贯穿设计过程的各个阶段，使项目目标逐步得以明确和清晰。

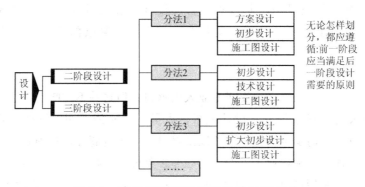

图 2-1 建设工程项目狭义设计过程划分

广义设计过程是指从建设工程项目管理角度出发，建设工程项目的设计工作往往贯穿于工程建设的全过程，与此同时，与之相应的业主方对设计的管理和协调也贯穿于这个过程的始终。在实际工程中，由于采用的工程承发包模式及项目管理模式不同，设计过程和施工过程的划分并非泾渭分明，在整个施工过程中图纸存在大量的修改和细化，因此，在设计过程的项目管理中，必须考虑与招标投标、材料设备采购和施工等工作的配合和搭接等问题，设计过程必须与施工过程统一考虑。在采购和施工过程中设计人员要参与解决大量的技术问题，在施工过程中有大量的设计修改和变更，大量的细化设计。作为项目管理者，应当从广义角度上来理解设计过程，广义上的设计过程贯穿于项目实施的始终，如图 2-2 所示。

图 2-2 项目管理中广义的设计过程

此外，对于城市开发或成片土地开发项目还应该有城市设计或规划设计阶段，规划设计又可分为规划方案设计、控制性详细规划设计和修建性详细规划设计等。

对于一些复杂的大型建设工程项目，在大的设计阶段划分中，根据项目的具体情况，还可以增加或细分出总体设计、总体设计优化、方案设计优化、初步设计优化、专业细部设计等细化的设计阶段。

针对一个具体项目的设计过程，不同设计阶段有不同特点，需要有针对性地参与协调和管理。某金融大厦项目，将狭义的设计过程划分为方案设计、初步设计和施工图设计三大阶段，这三个阶段设计工作的特点各不相同，如图 2-3 所示。

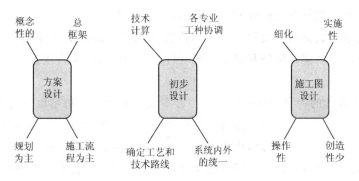

图 2-3 某金融大厦项目设计过程划分

1) 方案设计是指建设方对项目实施目标的定位或设想，由建设方委托的设计单位提供总体规划构思或创意。它可以是对一般设计任务（大至区域规划、小至构件设计）提供的设想性建议，也可以是对一项设计任务提出的原则性、方案性的解决办法。方案设计阶段的目的是进行多方案比选，探讨最佳设计方案。方案设计文件可以作为编制工程可行性研究报告的依据，也可作为编制初步设计文件的依据。

方案设计的特点是概念性的，作用是确定设计的总体框架；思想方法上以功能分析为主，以满足最终用户的需求为导向；内容以建筑和规划专业为主，体现建筑的艺术风格。因此方案设计文本的篇幅往往不大，水、暖、电、设备等专业甚至不画图，只有文字说明。但是方案设计在很大程度上决定了该项目的整体设计水平，决定了该项目的整体品质和水平，其创造性很强，对后续设计起指导作用，因此其价值不容忽视。

对于大型的复杂项目，国外的设计单位在方案设计阶段往往投入很大精力，把方案设计阶段细分为创意设计、概念设计和方案设计，目的是从无到有、层层深化，设计出满足建设功能要求、造价在成本计划以内、技术上可行的方案。相比之下，国内项目不仅在前期策划方面较为粗放，在方案设计方面也不够深入，以至于有的项目送交领导拍板的方案直到实施下一步设计乃至施工时发现技术上不可行、或者成本过高，造成返工或大量追加投资。建设部在2008年出台了《建筑工程方案设计招标投标管理办法》，明确把方案设计分为概念性方案和实施性方案，以防止这类现象对建设项目的危害。

概念性方案设计可以通过方案征集或方案设计招标获得。概念性方案设计的深度一般不深，能表达该方案基本构思及其特点即可，对设计人的资质要求也不严格。而实施性建筑方案设计的投标人必须是具备相应资质等级的法人或者是其他组织，要求其提供的方案设计文件的内容和深度应满足上报方案审批的要求，方案设计应具备功能、经济和技术上的可行性，中标后即可直接进行入下一步设计阶段。

2) 初步设计的特点是技术计算。与方案设计相比较，初步设计内容更全面、更详细。初步设计是整个设计过程中最重要的部分，起着将概念具体化、付诸实施的作用。为了实现建筑师的构想，结构、给水排水、暖通、强弱电等各专业工种都要进行技术计算，做出较详细的设计，其难点之一是各专业工种要进行技术协调，解决建筑与结构、建筑与设备、结构与设备等之间的矛盾，这一阶段成果标志应该是各专业技术路线得到确定，并实现系统内外的统一。按照我国现行法规的规定，初步设计的深度应能满足初步设计的审批、编制施工图设计、主要设备订货、控制工程投资、施工招标及施工准备等要求，并且满足编制总投资概算的需要，而且往往作为造价控制的主要依据。目前国家各主管部门、一些地方政府管理部门对不同性质的工程初步设计文件编制深度均有具体规定。因此，初步设计是设计的关键阶段，也是成本控制的重要阶段，要经过多次反复论证才能得到各方满意的设计，业主应重视和参与，不能等到后续施工图设计出来后再有较大变更,造成被动。

按照国际设计行业的惯例,设计单位还应负责在此阶段提供工料规范(specification),对本工程使用的材料、设备、工艺提出性能、标准的具体要求,供业主方、项目管理方在随后进行施工招标、材料设备采购时作为技术要求加入技术标书,也作为今后施工和验收的质量和工艺标准。该工料规范可以提出二、三个达到要求的材料、设备品牌,并说明"或达到该性能指标的类似产品"。

3)施工图设计的特点是操作性的,注重可实施性和可施工性,一般为细部详图和节点大样图。深度应满足编制施工图预算及施工招标、施工安装、材料设备订货、非标设备制作,并可以作为工程验收的依据。这一阶段图纸数量往往较多,工作量较大,但创造性相对少一些;施工图设计的重点往往是要处理设计与施工的协调,设计要有足够的深度,往往不断补充出图,或根据施工需要修改图纸,要配合施工全过程,要能及时解决现场问题,因此该阶段时间持续较长。

因为不同设计阶段的特点不同,所以设计过程的项目管理应针对不同设计阶段的特点,有针对性地进行管理。例如,由于方案设计的重要性,不能因为其设计文本篇幅不大,就认为其工作量不大,就忽略其价值,因为重大的关于功能、标准、造价的原则都是在这个阶段确定的,对造价的影响不可低估。再如,由于初步设计的重要性,应加强对初步设计的管理,而不能像某些项目的业主甚至取消初步设计,从方案设计直接进入施工图设计,因为初步设计的作用是施工图设计不能替代的,重大技术路线都应该在初步设计阶段解决,施工图阶段不应再有系统性的大变动。

2.1.3 设计过程的专业划分

随着社会经济的发展和技术的迅速进步,建设工程项目的规模越来越大,标准越来越高,越来越多的新技术、新材料得到应用,导致专业设计分工越来越细化。主设计单位不可能完成如此繁多、需要使用新材料和新技术的专业设计,所以很多专业性更强的设计是由专业分包商来进行的,主设计单位只需对专业分包商的设计成果进行确认是否符合总体设计要求即可。例如,现在很多大型公共建筑的幕墙工程通常是由专业的幕墙分包商承担从设计到施工的所有工作,主设计单位(土建)的任务是提出立面、标准、幕墙分块、边界、节点、结构等要求,并对专业设计单位的设计文件和图纸进行确认。一般民用建筑设计包括以下专业设计:建筑设计、结构设计、给水排水设计、电气设计、暖通空调设计。

1）建筑设计，建筑设计是指对建筑物及周边环境的总体设计。

2）结构设计，结构设计是指对建筑物结构形式的设计。

3）给水排水设计，给水排水设计是指对建设工程项目给水排水系统的设计（有的设计单位还包括燃气的设计，有的则将燃气的设计内容归入动力专业）。

4）电气设计，电气设计是指对建设工程项目电气系统的设计（许多大型项目还另设弱电设计专业）。

5）暖通空调设计，暖通空调设计是指对建设工程项目采暖、通风、空气调节系统的设计（有些设计单位另设动力专业）。

工业建筑设计除了以上涉及的专业设计之外，通常对某些特定工艺有特殊要求，这时就需要对工业建筑项目进行总图和工艺设计。工业建筑的使用用途不同，其相应的工艺设计要求也不同。比如石化项目所对应的工艺设计要求是生产装置、石化产品生产工艺的特殊设计；水电工程项目则对水力发电设备、发电技术等有特殊的工艺要求。

【案例2-2】 在某金融大厦项目中，业主方委托项目管理单位编制专业设计目录，成果如表2-1所示。

某金融大厦专业设计目录　　　　　　表2-1

序号	专业设计名称	专业设计单位	确认单位	审批单位
1	建筑、结构部分			
1.1	室外装饰：幕墙（玻璃，铝材，石材），铝合金门窗，顶棚，大厦勒角花岗石细部设计	幕墙承包商（或由其委托专业设计单位）	中外设计联合体	市建管办
1.2	零星钢结构细部深化设计：大厦入口挑棚，屋顶天线塔，裙房球形屋盖，南北楼之间钢架及支撑等	（钢结构）承包商	中外设计联合体	
1.3	人防地下室	国内某设计院		市人防办
1.4	金库门	供应商		公安局技防办
1.5	拱廊地下室及中国银行连接天桥			
1.6	厨房工艺	物业公司		市防疫站
2	室外总体部分			

续表

序号	专业设计名称	专业设计单位	确认单位	审批单位
2.1	大厦泛光照明	专业公司	中方设计单位	某管理处
2.2	小区道路	某开发公司		
2.3	红线外市政管线：给水、雨水、污水、供电、电信	各专业公司（市政、电力、电信）	中方设计单位	
2.4	绿化设计	市园林局	中方设计单位	
2.5	大厦标志	专业公司	中外设计联合体	
3	机电及电梯部分			
3.1	污水处理中心工艺机电设计	设备供应、安装、承包单位	中方设计单位	市环保局
3.2	煤气管线（室内外）、燃气表房设计	市燃气公司	中方设计单位	
3.3	冷却吊顶	专业公司（德国）	中外设计联合体	
3.4	电梯及自动扶梯设计	电梯供应商	中方设计单位	市劳动局
3.5	擦窗机	供应商	中方设计单位	
4	弱电智能化部分			
4.1	通信机房、程控交换机系统	电信局	中方设计单位	电信管理局
4.2	综合布线系统	专业公司	中方设计单位	市技术监督局
4.3	消防报警系统	专业公司	中方设计单位	市消防局
4.4	水喷淋控制系统	专业公司	中方设计单位	市消防局
4.5	清水泡沫消防控制系统（CO_2）	专业公司	中方设计单位	市消防局
4.6	闭路电视监控及电子巡更系统	专业公司	中方设计单位	公安局技防办
4.7	防盗报警系统	专业公司	中方设计单位	公安局技防办
4.8	卫星及公用天线系统	专业公司	中方设计单位	市音像管理处
4.9	背景广播音响系统	专业公司	中方设计单位	
4.10	多媒体会议系统（同声翻译及投影音响设备）	专业公司	中方设计单位	
4.11	车库计费管理系统	专业公司	中方设计单位	

续表

序号	专业设计名称	专业设计单位	确认单位	审批单位
4.12	办公自动化网络管理中心（OA）—包括软件设计	专业公司	中方设计单位	
4.13	北塔三楼银行计算机管理中心	由银行委托专业设计	中方设计单位	
4.14	南塔三楼专用计算机管理中心	另行委托专业设计	中方设计单位	
4.15	楼宇自动化管理系统（BA）—包括软件设计、中央监控站及分站设计	专业公司	中方设计单位	
	范围包括(1)变配电控制系统			
	(2)照明控制系统			
	(3)锅炉控制系统			
	(4)空调水控制系统			
	(5)空调机站控制系统			
	(6)给排水控制系统			
	(7)游泳池控制系统			
	(8)电梯监控系统（由电梯供应商提供）			

2.1.4 设计过程的项目管理类型

设计过程的项目管理按照管理主体主要可分为设计单位项目管理与业主方项目管理。本教材主要站在设计委托方的立场上，讨论业主方设计过程的项目管理。设计过程业主项目管理的类型主要有以下三种模式：(1)业主自行项目管理模式；(2)委托项目管理模式；(3)混合项目管理模式。其中委托项目管理模式又分为完全委托式和部分委托式两种，如图2-4所示。具体项目究竟采用哪种管理模式，由业主自身管理力量及所建项目的具体情况来确定。

1. 业主自行项目管理模式

设计过程的业主自行项目管理模式是指业主自己组织项目管理人员组成项目管理团队。这种形式的项目管理组织工作比较容易，但要求业主自身有较强项目

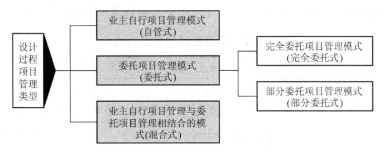

图 2-4 设计过程的项目管理的类型

管理力量,适用于拥有足够经验丰富的项目管理人员的业主。我国以前大部分项目的设计过程项目管理都采用这种形式,如果项目缺乏经验丰富的设计管理人员,低质量的设计管理会导致整个项目效益低下。

2. 委托项目管理模式

委托式项目管理适用于业主方缺少经验丰富的设计项目管理人员,仅靠自己的力量难以完成设计过程的项目管理任务的情况。设计过程的委托项目管理分为两种形式,即完全委托式和部分委托式,这两种委托方式又有很多不同。

完全委托式是业主把设计过程的项目管理完全委托给专业的项目管理公司,由专业项目管理公司代替业主进行设计过程的项目管理。在这种形式中,业主方的自身项目管理团队可以规模很小,依靠专业项目管理公司进行设计管理,发挥其专业技能和实践经验的优势,提高设计过程的项目管理的质量。在某金融大厦项目中,因为业主方缺乏项目设计管理经验,因此采用了完全委托式的管理模式,聘请了专门的项目管理单位来负责设计管理工作。

部分委托式是指业主自行完成部分设计过程的项目管理,把其中对专业化要求比较高的部分委托给专业项目管理公司来完成,在这种方式中,业主与项目管理公司的协调工作量比较大。

3. 混合项目管理模式

设计过程的混合项目管理,是指由业主方的部分项目管理人员与项目管理公司的经验丰富项目管理人员,共同组成混合的设计过程的项目管理团队。聘请专业项目管理人员可以弥补业主方项目管理人员在技术和管理经验上的不足,而业主方项目管理人员的权威性则加强了专业项目管理公司的管理效果。这种形式的项目管理适用于业主自身拥有一定数量的项目管理人员和设计管理经验,但缺乏大型项目的设计管理经验,不足以独立完成设计过程的项目管理工作。与部分委托式项目管理相比,混合式项目管理团队内部协调工作量会大大减少。

上述四种业主方的设计过程项目管理类型的明细情况如表 2-2 所示。

设计过程项目管理类型及特点　　　　　表 2-2

类　型		含　义	工作重点	优缺点	适用范围
业主自行项目管理		业主自派人员组成项目管理班子	项目经理的选择；确定项目管理的深度和重点；确定经理部的规模结构	组织工作比较容易；管理深度、广度及管理班子的规模都较大	拥有足够经验丰富的管理人员，如改造扩建工程等
委托项目管理	完全委托式	业主项目管理的职能完全委托一家有能力的设计阶段项目管理公司来完成	项目经理及若干助手的选择；拟委托的项目管理公司的选择及分别谈判选定；签订委托合同，明确双方的责任、义务、授权范围及程度；审查并确认项目管理公司组建的项目经理部	业主项目管理班子的总规模最小，管理费用最少；委托有能力的项目管理公司的项目管理质量高	国家重点建设工程项目、专业化要求程度高的项目等
	部分自管式	业主项目管理的部分委托给一家有能力的项目管理公司来完成	项目经理的选择；确定项目管理的深度和重点；确定项目管理的组织结构；选择项目管理公司；签订委托合同，审查并确认其经理部组织结构	管理的深度、广度比较大；业主项目管理班子规模较大，费用较多；协调工作量大	适用于业主缺乏部分经验丰富的专业人员
混合项目管理		业主自派一部分项目管理人员，再从项目管理公司聘请一部分人员，组成一个混合的业主项目管理班子	项目经理的选择；项目组织形式的选择；选择项目管理单位，谈判，签订委托合同，明确双方的责任、义务；审查并确定委托项目管理人员；组织结构及职能分工的确定	委托项目管理人员能弥补业主在管理中的不足部分；业主项目管理的费用相对较少；相互沟通的工作增加	业主拥有一定数量的经验丰富的工程人员，但缺乏大中型建设工程项目或专业化程度要求较高的建设工程项目的项目管理经验

随着我国建筑市场专业化的深入发展，并逐步与国际接轨，通过完全或部分委托专业项目管理公司来进行设计过程的项目管理将成为一种趋势。此外，对于国内大型公共建设工程项目的设计管理，采用混合式将更为适用。混合式是大型建设工程项目的最佳业主项目管理模式，十分适合发展中国家的情况，也是当前

在发展中国家大型建设工程项目设计管理中较为通用的模式。

2.2 设计过程项目管理

2.2.1 设计过程项目管理的质量控制

1. 设计过程质量控制存在的问题

2001年5月25日,建设部发出《关于进一步加强勘察设计质量管理的紧急通知》,该通知中指出"部分勘察设计单位或建设单位由于对建设工程质量重视不够,不按建设程序办事,不执行国家法律法规和工程建设强制性标准;……使工程建设质量事故时有发生,给国家和人民生命财产造成重大损失",说明在当前设计质量管理中存在相当的问题,也充分说明设计过程质量控制的重要性。

当前,业主方的设计质量管理中往往存在下列问题:

1) 业主方缺乏必要的能力对一些大的、技术复杂的工程进行全面质量控制,也不聘请有能力的设计项目管理咨询机构;

2) 业主盲目压低设计费,或者拖延设计付款,造成设计人员积极性降低,影响设计质量或设计进度,留有大量后遗症;

3) 业主对设计要求朝令夕改,增加了设计工作量,使图纸质量降低,原图与修改图混合使用,各工种经常出现矛盾;

4) 业主要求抢工期,而设计跟不上,设计与施工的矛盾突出,再加上设计人员不熟悉施工过程,设计与施工的脱节使工程质量先天不足;

5) 业主在设计过程中,由于对技术没有把握,该决策的不及时决策,或对设计瞎指挥,或对阶段设计成果不及时确认,或确认后随意变更,影响设计。

2. 设计质量控制目标

设计质量目标分为直接效用质量目标和间接效用质量目标两方面,这两种目标表现在建设项目中都是设计质量的体现。直接效用质量目标在建设项目中表现形式为符合规范要求、满足业主功能要求、符合市政部门要求、达到规定的设计深度、具有施工和安装的可建造性等方面。间接效用质量目标在建设项目中表现形式为建筑新颖、使用合理、功能齐全、结构可靠、经济合理、环境协调、使用安全等方面。直接效用质量目标和间接效用质量目标及其表现形式共同构成了设计质量目标体系,如图2-5所示。

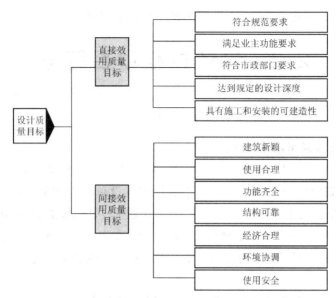

图 2-5 设计质量目标体系

3. 设计过程质量控制的任务

设计过程质量控制的主要任务按照设计阶段划分,如表 2-3 所示。

设计过程各阶段质量控制的主要任务　　　　表 2-3

设计阶段	设计阶段质量控制任务
设计方案 优化阶段	1) 编制设计方案优化任务书中有关质量控制的内容; 2) 审核优化设计方案是否满足业主的质量要求和标准; 3) 审核优化设计方案是否满足规划及其他规范要求; 4) 组织专家对优化设计方案进行评审; 5) 在方案优化阶段进行设计协调,督促设计单位完成设计工作; 6) 从质量控制角度对优化设计方案提出合理化建议
扩初设 计阶段	1) 编制扩初设计任务书中有关质量控制的内容; 2) 审核扩初设计方案是否满足业主的质量要求和标准; 3) 对重要专业问题组织专家论证,提出咨询报告; 4) 组织专家对扩初设计进行评审; 5) 分析扩初设计对质量目标的风险,并提出风险管理的对策与建议; 6) 若有必要,组织专家对结构方案进行分析论证; 7) 对智能化总体方案进行专题论证及技术经济分析; 8) 对建筑设备系统技术经济等进行分析、论证,提出咨询意见; 9) 审核各专业工种设计是否符合规范要求; 10) 审核各特殊工艺设计、设备选型,提出合理化建议; 11) 在扩初设计阶段进行设计协调,督促设计单位完成设计工作; 12) 编制本阶段质量控制总结报告

续表

设计阶段	设计阶段质量控制任务
施工图设计阶段	1) 跟踪审核设计图纸，发现图纸中的问题，及时向设计单位提出； 2) 在施工图设计阶段进行设计协调，督促设计单位完成设计工作； 3) 审核施工图设计与说明是否与扩初设计要求一致，是否符合国家有关设计规范、有关设计质量要求和标准，并根据需要提出修改意见，确保设计质量达到设计合同要求及获得政府有关部门审查通过； 4) 审核施工图设计是否有足够的深度，是否满足施工要求，确保施工进度计划顺利进行； 5) 审核特殊专业设计的施工图纸是否符合设计任务书的要求，是否符合规范及政府有关规定的要求，是否满足施工的要求； 6) 协助智能化设计和供货单位进行建设项目智能化总体设计方案的技术经济分析； 7) 审核招标文件和合同文件中有关质量控制的条款； 8) 对项目所采用的主要设备、材料充分了解其用途，并作出市场调查报告；对设备、材料的选用提出咨询报告，在满足功能要求的条件下，尽可能降低工程成本； 9) 控制设计变更质量，按规定的管理程序办理变更手续； 10) 编制施工图设计阶段质量控制总结报告

4. 设计过程质量控制的方法

设计过程质量控制与投资控制、进度控制一样，也应该进行动态控制。通常是通过事前控制和设计阶段成果优化来实现的。其最重要的方法就是在各个设计阶段前编制一份好的设计要求文件，分阶段提交给设计单位，明确各阶段设计要求和内容，在各阶段设计过程中和结束后及时对设计提出修改意见，或对设计进行确认。设计要求文件的编制过程实质是一个项目前期策划的过程，是一个对建筑产品的目标、内容、功能、规模和标准进行研究、分析和确定的过程。因此，设计过程要重视设计要求文件的编制。

2.2.2 设计过程项目管理的进度控制

1. 设计过程进度控制的任务

设计过程进度控制的主要任务按照设计阶段划分，如表 2-4 所示。

设计过程各阶段进度控制的主要任务　　　　表 2-4

设计阶段	设计阶段进度控制任务
设计方案优化阶段	1) 编制设计方案优化进度计划并控制其执行； 2) 比较进度计划值与实际值、编制本阶段进度控制报表和报告； 3) 编制本阶段进度控制总结报告
扩初设计阶段	1) 编制扩初设计阶段进度计划并控制其执行； 2) 审核设计单位提出的设计进度计划； 3) 比较进度计划值与实际值、编制本阶段进度控制报表和报告； 4) 审核设计进度计划和出图计划，并控制执行，避免发生因设计单位推迟进度而造成施工单位要求的索赔； 5) 编制本阶段进度控制总结报告

续表

设计阶段	设计阶段进度控制任务
施工图设计阶段	1）编制施工图设计进度计划，审核设计单位的出图计划，如有必要，修改总进度规划，并控制其执行； 2）协助业主编制甲供材料、设备的采购计划，协助业主编制进口材料、设备清单，以便业主报关； 3）督促业主对设计文件尽快作出决策和审定，防范业主违约事件的发生； 4）协调主设计单位与分包设计单位的关系，协调主设计与装修设计、特殊专业设计的关系，控制施工图设计进度满足招标工作、材料及设备订货和施工进度的要求； 5）比较进度计划值与实际值，提交各种进度控制报表和报告； 6）审核招标文件和合同文件中有关进度控制的条款； 7）控制设计变更及其审查批准实施的时间； 8）编制施工图设计阶段进度控制总结报告

2. **设计过程进度控制的方法**

设计过程进度控制的方法仍是规划、控制和协调。规划是指编制、确定项目设计过程总进度规划和分进度目标；控制是指在设计阶段，以控制循环理论为指导，进行计划进度与实际进度的比较，发现偏差，及时采取纠偏措施；协调是指协调参加单位之间的进度关系。

对于进度控制工作，应明确一个基本思想：计划的不变是相对的，变是绝对的；平衡是相对的，不平衡是绝对的。为了针对变化采取措施，要利用计算机作为工具定期、经常地调整进度计划。

（1）设计过程进度计划

在设计单位提交的设计进度计划基础上，综合考虑与施工、设备采购搭接的问题，与设计单位协商，确定项目设计各阶段进度计划（主要是设计单位出图计划）。同时，根据设计实际进展情况，及时对进度计划作出调整，并协助设计单位解决出现的问题。

（2）设计进度报告

业主应当要求设计单位提交每月的设计进度报告。进度报告是设计单位对当月设计工作情况的小结，它应当主要包括以下内容：

1）设计所处的阶段；
2）建筑、结构、水、暖、电等各专业当月设计内容和进展情况；
3）业主变更对设计的影响；
4）设计中存在的需要业主方决策的问题；
5）需提供的其他参数和条件；

6）招投标文件准备情况；

7）拟发出图纸清单；

8）如出现进度延迟情况，还需说明原因及拟采取的加快进度的措施；

9）对下个月设计进度的估计等。

项目管理单位应当定期审阅设计单位提交的进度报告，协助设计单位解决设计进度方面存在的问题，并对可能出现问题提出参考意见或预防措施。

2.2.3 设计过程项目管理的投资控制

1. 设计过程投资控制的意义

建设项目投资控制的目标是使项目的实际总投资不超过项目的计划总投资。建设项目投资控制贯穿于建设项目管理的全过程，即从项目立项决策直至工程竣工验收，在项目进展的全过程中，以循环控制的理论为指导，进行计划值和实际值的比较，发现偏离及时采取纠偏措施。

建设项目不同阶段对投资的影响程度是不同的，国内外无数项目实践证明，项目前期和设计过程的投资控制是整个项目实施期控制的关键。

2. 设计过程投资控制的任务

设计过程投资控制的主要任务按照设计阶段划分，如表2-5所示：

设计过程各阶段投资控制的主要任务 表2-5

设计阶段	设计阶段投资控制任务
设计方案优化阶段	1）编制设计方案优化任务书中有关投资控制的内容； 2）对设计单位方案优化提出投资评价建议； 3）根据优化设计方案编制项目总投资修正估算； 4）编制设计方案优化阶段资金使用计划并控制其执行； 5）比较修正投资估算与投资估算，编制各种投资控制报表和报告
扩初设计阶段	1）编制、审核扩初设计任务书中有关投资控制的内容； 2）审核项目设计总概算，并控制在总投资计划范围内； 3）采用价值工程方法，挖掘节约投资的可能性； 4）编制本阶段资金使用计划并控制其执行； 5）比较设计概算与修正投资估算，编制各种投资控制报表和报告
施工图设计阶段	1）根据批准的总投资概算，修正总投资规划，提出施工图设计的投资控制目标； 2）编制施工图设计阶段资金使用计划并控制其执行，必要时对上述计划提出调整建议； 3）跟踪审核施工图设计成果，对设计从施工、材料、设备等多方面作必要的市场调查和技术经济论证，并提出咨询报告，如发现设计可能会突破投资目标，则协助设计人员提出解决办法； 4）审核施工图预算，如有必要调整总投资计划，采用价值工程的方法，在充分考虑满足项目功能的条件下进一步挖掘节约投资的可能性；

续表

设计阶段	设计阶段投资控制任务
施工图设计阶段	5) 比较施工图预算与投资概算，提交各种投资控制报表和报告； 6) 比较各种特殊专业设计的概算和预算，提交投资控制报表和报告； 7) 控制设计变更，注意审核设计变更的结构安全性、经济性等； 8) 编制施工图设计阶段投资控制总结报告； 9) 审核、分析各投标单位的投标报价； 10) 审核和处理设计过程中出现的索赔和与资金有关的事宜； 11) 审核招标文件和合同文件中有关投资控制的条款

3. 设计过程投资控制的方法

（1）设计过程投资控制基本原理

设计过程是投资控制最为关键的阶段。设计过程投资控制的基本工作原理是动态控制原理，即在项目设计的各个阶段，分析和审核投资计划值，并将不同阶段的投资计划值和实际值进行动态跟踪比较，当其发生偏离时，分析原因，采取纠偏措施，使项目设计在确保项目质量的前提下，充分考虑项目的经济性，使项目总投资控制在计划总投资范围之内。

设计过程的投资控制工作不单纯是项目财务方面的工作，也不单纯是项目经济方面的工作，而是包括组织措施、经济措施、技术措施、合同措施在内的一项综合性工作。设计过程投资控制的方法如图2-6所示。

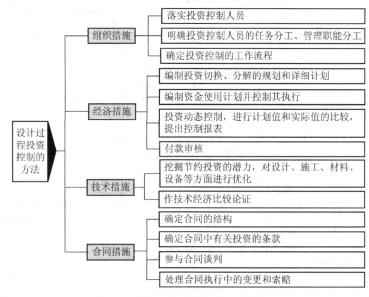

图 2-6 设计过程投资控制的方法

设计过程投资控制技术措施中,在各设计阶段进展中和各设计阶段完成时都要进行技术经济比较,进行优化设计,寻求节约投资的可能。技术经济比较是对建筑、结构、水、电、暖等专业工种设计和工艺、设备、材料等多个方面进行全面比较,减少一次性投资和考虑经常费用的项目全寿命投资,使项目的投资效益最大化。如果业主方没有能力单独完成此项工作,可以聘请专家进行技术经济论证,辅助业主进行决策,并督促设计单位进行设计挖潜。

(2) 价值工程

价值工程(Value Engineering)是对于现有技术的系统化应用策略,它通过辨识产品或服务的功能,确定其经济成本,进而在可靠地保障其必要功能前提下实现其全寿命周期成本最小化三个主要步骤来完成的(Society of American Value Engineers,1958)。它于20世纪60年代应用于建筑业,并逐步从施工、采购阶段拓展到设计、运营和维护阶段,甚至向前延伸到项目前期的策划和决策阶段。

价值工程对于项目的意义在于为业主增值,不仅是经济方面。根据美国著名VE专家Dell'Isola对500个项目进行跟踪调查的结果表明,VE研究可节约建设成本5%~35%,每年可节约费用5%~20%。Dell'Isola本人35年的经验表明,VE研究与应用的成本仅占建设成本的0.1%~0.3%,而结果却可节约5%~10%,每年节约运营成本5%~10%。由于VE投入的不同和项目之间的差异,VE的效果也不一定相同,通常大型复杂的项目节约潜力较大。表2-6列举了几个典型应用和效果。

VE的典型应用和效果(百万美元)　　　　　　　表2-6

机　构	年均投资额	统计时间	VE年均成本	年均节约总额	节约百分比
EPA	1100	1981~1996	11~5	30	11~3
Federal Highways	10~20000	1981~1996	差别很大	150~200	1.5
Corps of Engineers	3400	1965~1996	3	200	5~7
Naval Facilities-Engineering Command	2400	1964~1996	11.5	100	11~5
Veterans Administration	200	1988~1996	0.5	10	11~5
School Facilities State of Washington	200	1984~1996	4	5~10	11~5
Office of Management and Budget, NYC	2000 1700	1984~1987, 1988~1996	1~1.5	80 200~400	11~5 10~20
Design & Construction United Technology	300	1981~1985	0.5	36	12
GDMW-MODA, Saudi Arabia	2000	1986~1996	3	150	5~10

对建设项目投资影响最大的阶段是设计阶段,如果等到施工阶段再应用价值工程来提高建设项目的价值是很有限的,要使建设项目的价值得以大幅度的提高,以获得较好的经济效益,必须首先在设计阶段应用价值工程,使建设项目的功能与投资合理匹配。我国的很多大型建设项目在设计过程中应用价值工程相关理论,对设计进行优化,大大提高了设计质量,节约了项目投资,取得了很好的经济效益。

2.3 设计任务委托及设计委托合同结构

合同管理是设计过程项目管理的重要手段,设计过程合同管理的成败不但决定着设计过程项目目标能否实现,而且是影响整个项目生命周期项目目标能否实现的关键因素之一。但是除了合同条款内容、合同签订之后的跟踪管理之外,设计任务的委托方式往往被忽略。设计任务的委托是设计过程项目管理的第一项工作,既影响到设计质量同时也影响工程造价,而且还会影响到建设工期。因此,设计任务委托方式的选择是否得当,在很大程度上决定着项目工作的成败和项目目标实现的好坏。

2.3.1 设计招标与设计竞赛

1. 设计招标

建设工程项目的设计任务委托主要有两种途径:设计招标和设计竞赛。

2003年国家发改委颁发了《工程建设项目勘察设计招标投标办法》,文中指出"工程建设项目符合《工程建设项目招标范围和规模标准规定》(国家计委令第3号)规定的范围和标准的,必须依据本办法进行招标……任何单位和个人不得将依法必须进行招标的项目化整为零或者以其他任何方式规避招标。"

设计招标是指在一个建设工程项目实施过程中,业主委托招投标代理机构发布项目设计任务的招标文件,愿意承接该项目设计任务的设计单位领取招标文件,并进行设计投标,在约定的日期由招投标代理机构主持开标,并由评标委员会成员使用事先制定的评标方法进行评标,选择评分最高的投标单位作为中标单位,并将项目的设计任务委托给中标单位。某金融大厦项目采用的就是设计招标的方式,将设计任务委托给了最终的中标单位——某中外设计联合体。

但是在国际上,设计任务的委托往往不采用招标,而是采用设计竞赛的方式，因为设计比选的重点不是比较报价，而是比较方案；设计委托合同也不是承包合同，而是技术咨询合同。招标方式适用于承包合同的委托，但不适用于咨询合同。

2. 设计竞赛

（1）设计竞赛的概念

设计竞赛是指业主委托专业工程咨询公司组织设计竞赛，咨询公司组织设计竞赛评审委员会进行评审，从参赛的众多设计方案中评选出优胜的设计，业主可将设计任务委托给竞赛优胜者，也可以综合几个优胜设计，再行设计委托。在设计过程中，业主可根据需要，再次组织设计竞赛，不断地寻求设计优化的可能。

按照目前我国现行法规的要求，设计任务委托应该采用设计招标的方式。然而按照国际惯例，设计竞赛作为一种手段，与招标相比，它更有利于获得一项好方案，有利于提高设计质量，并有利于促进设计技术的发展，而且设计费占总造价的比例很小，报价不成为比较的重点。

（2）设计竞赛与设计招标的区别

设计竞赛与设计招标的区别主要体现在以下3个方面：

1）设计竞赛只涉及设计内容（设计的技术和经济的先进性），而不涉及设计费用与设计进度，因此设计竞赛的参赛单位不需要对设计费用进行报价；而设计招标不仅仅包括设计内容，即设计方案，也要求投标单位对设计费用和设计进度进行说明。

2）设计竞赛的评选结果仅限于对参选设计作品进行入选排名，而不直接涉及设计任务的委托，并不一定意味优胜者就中标；而设计招标过程中，通过评标选择出的评分最高的投标单位就是中标单位，设计任务也将委任于它。

3）设计竞赛参加者若未中奖，则将得到一定的经济补偿；而设计招标投标者若未中标，则没有经济补偿。

2.3.2 设计委托合同结构

2003年国家发改委颁发了《工程建设项目勘察设计招标投标办法》，文中指出："发包方可以将整个建设工程的勘察、设计发包给一个勘察、设计单位；也可以将建设工程的勘察、设计分别发包给几个勘察、设计单位……除建设工程主体部分的勘察、设计外，经发包方书面同意，承包方可以将建设工程其他部分的勘察、设计再分包给其他具有相应资质等级的建设工程勘察、设计单位……建设工程勘察、设计单位不得将所承揽的建设工程勘察、设计转包。"

在以上法规文件中，有以下几个概念应当引起注意：

（1）发包：业主可以将整个项目的设计任务发包给一家设计单位。

（2）分别发包：业主也可以将项目的设计任务分别发包给几家不同的设计单位。

（3）分包：设计单位在满足下列条件下可以分包：

1) 除工程主体部分以外；

2) 经业主方书面同意；

3) 分包单位具有相应资质。

（4）转包：设计单位严禁转包设计任务。

以上这四个概念是不同的，因此要注意区别它们之间的差异。

在现代建设工程项目设计过程中，参与一个项目的设计单位往往不只一家。这是由于以下两方面原因所造成的：

（1）现代建设工程项目规模日益增大，功能和技术要求日趋复杂导致设计工作本身的复杂性，一家设计单位很难完全满足业主方的要求，可以按项目内容将设计任务分别发包；

（2）设计任务是可以分阶段完成的，如通常划分的方案设计、初步设计和施工图设计三个设计阶段，这也便于分阶段将设计任务分别发包。

因此，设计任务的委托方式也由过去直接委托一家设计单位转变为多种委托方式，主要有平行委托、设计总包、设计联合体三种方式，如图2-7所示。

1. 平行委托

平行委托，又可称为分别委托，这种方式是业主将设计任务同时分别委托给多个设计单位，各设计单位之间的关系是平行的。其合同结构如图2-8所示。

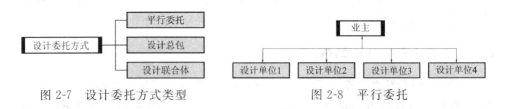

图2-7 设计委托方式类型　　　　图2-8 平行委托

采用平行委托时，设计任务的划分可以有多种方式，如按照项目划分、按照阶段划分、按照专业划分等，其相应的合同结构如图2-9中的(a)、(b)、(c)所示。

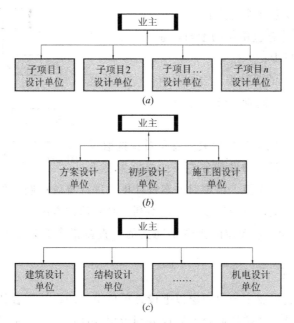

图 2-9 不同划分方式的设计委托合同结构

(a)按项目划分；(b)按阶段划分；(c)按专业划分

平行委托有以下几个优点：

1) 适用于大型复杂项目，有利于各个设计单位发挥自己的优势；

2) 甲方可以直接对各个设计单位发出修改或变更的指令，有利于项目质量、投资、进度的目标控制。

其缺点在于：

1) 业主对于各家设计单位的协调工作量很大，合同管理工作也较为复杂；

2) 由于各设计单位分别设计，因此较难进行总体的投资控制，参与单位众多也对整体设计进度控制造成相当的难度。

2. 设计总包

设计总包是指业主只与牵头的设计总包单位签约，由设计总包单位与其他设计单位签订分包合同。《工程建设项目勘察设计招标投标办法》第三章第十九条指出："除建设工程主体部分的勘察、设计外，经发包方书面同意，承包方可以将建设工程其他部分的勘察、设计再分包给其他具有相应资质等级的建设工程勘察、设计单位。"因此，建设工程主体部分的设计必须由设计总包单位自主设计，不得分包给其他设计单位。设计总包的合同结构如图 2-10 所示。

设计总包有以下几个优点:

1) 由于有设计总包单位的参与,业主方设计协调的工作量大大减少;

2) 由于业主方的设计委托合同只有一个和总包单位的合同,因此合同管理较为有利。

其缺点在于:

1) 对总包单位的依赖性较大,总包单位选取很重要,例如按阶段划分的设计分包,如果由主要承担施工图设计的单位承担,很难对方案设计单位进行有效控制,如果由承担方案设计的设计单位承担,对于后期控制也不利,必须慎重考虑;

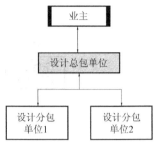

图 2-10 设计总包合同结构

2) 业主对设计分包单位的指令是间接的,直接指令必须通过总包单位,管理程序比较复杂。

3. 设计联合体

设计联合体是指业主与由两家以上设计单位组成的设计联合体签署一个设计委托合同,各家设计单位按照合作协议分别承担设计任务,通常是按照设计阶段分别承担的。某金融大厦项目采用的就是设计联合体的方式,由某中方设计单位与某外方设计单位组成的联合体负责该项目方案设计、扩初设计、施工图设计(各阶段内容包括精装修设计)以及估算、概算、预算、施工期间和保修期的服务等全过程设计及咨询工作,其合同结构如图 2-11 所示。

图 2-11 某金融大厦项目合同结构

设计联合体有以下几个优点:

1) 业主方设计协调的工作量较少;

2) 由于业主方的设计委托合同只有一个和设计联合体的合同,因此合同管理较为有利;

3) 由于存在共同的利益,各家设计单位交流和合作更为紧密。

其缺点在于各设计单位一般不太愿意组成负有连带责任的设计联合体,风险较大。

2.3.3 中外合作设计

改革开放以来,特别是中国加入 WTO 以来,设计领域对外交流的程度越来越大,国外很多优秀的设计单位涌入了中国建筑市场,国外设计单位在我国承担项目设计，带来了国际上先进的技术和理念。但由于国外设计单位对我国的规范、常用构造、材料、施工工艺等不甚了解，其思维习惯、工作方式也与我国的传统设计单位有很大区别，有必要寻找中国当地的设计单位进行合作。中外合作设计正成为设计委托的一种主要趋势。

中外合作设计的委托方式如前所述主要有平行委托、设计总包和设计联合体三种形式，其合同结构如图 2-12 所示。每种委托方式除之前所述各自的优缺点以外，还具有以下特征。

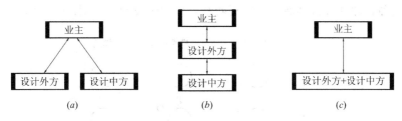

图 2-12 中外合作设计委托合同结构模式
(a)平行委托；(b)设计总包；(c)设计联合体

(1) 平行委托

平行委托是业主签订两份设计委托合同，把设计任务分别委托给外方和中方的设计单位，通常情况是外方设计单位承担方案设计，中方设计单位承担初步设计和施工图设计。这种方式的缺陷是中方和外方之间的设计衔接困难比较多，设计协调工作量大，业主方成了设计总包，当中外双方产生矛盾时，要业主方来协调，外方出的图纸有时会不符合中国现行规范或深度不够，很有可能出现图纸多次返工、设计进度拖延、设计图纸不能满足深化设计等问题。

(2) 设计总包

设计总包是业主把设计任务委托给中方或外方设计单位的其中一方，这一方再把设计任务的一部分分包给另一方，中外双方合作共同完成设计任务。在我国通常做法是由外方设计单位作为设计总包，中方设计单位作为设计分包，这样不但可以发挥中外双方各自的技术优势，而且设计参与各方的设计协调工作量相对业主平行委托会大大减少。

设计总包的缺点是由于业主方与设计中方没有直接的合同关系，在设计后期，特别是在施工配合阶段，业主方对中方设计单位的要求不能直接贯彻，中方往往需要等待外方的认可，耽误工期。

(3) 设计联合体

【案例2-3】 在某金融大厦项目中，中外设计单位采用的是设计联合体的方式进行合作。在该方式下，业主方与中方设计单位、外方设计单位三方共同签约，中方和外方以联合体的形式，在联合体设计委托合同中阐明双方的权利、责任、义务以及工作分工，在这种合同形式下，中方、外方的合作更加紧密，业主方在各个设计阶段要抓的对象更加明确，组织协调工作更加简单，因此设计联合体形式是一种非常好的合同委托方式，当前已越来越多的得到应用。

在中外合作设计联合体模式中，为了获得一个优秀的方案，具体的联合方式又存在三种，即外方做到底、方案买断和合作初步设计。如图2-13所示。

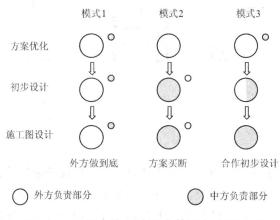

图2-13 中外合作设计联合体的各阶段分工

1. 外方做到底

外方设计单位从方案设计做到初步设计，再到施工图设计，中方只做顾问。这种模式在浦东开发初期被广泛使用，但问题是外方设计单位施工图设计的深度往往不够，或与中国的施工工艺不符，或与施工的协调有困难，在实践中发生了很多问题，因此现行法规已经不允许。

2. 方案买断

外方只做方案设计，然后转交中方设计做初步设计和施工图设计。但是由于方案设计是概念性的，不够详细，表达很有限，中方设计对方案理解不够充分，致使原设计意图在后续设计中得不到充分的贯彻，在实践中也产生了很多问题，削减了原方案设计的价值。

3. 合作初步设计

鉴于以上两种模式存在的问题，在实践中又出现了第三种模式，即外方做方案,中方做方案的顾问;初步设计分专业工种由中、外方分别承担,互为顾问;施工图设计完全转由中方承担,外方为顾问。合作初步设计介于外方做到底和方案买断两者之间,延长中外设计方的交接时间。

【案例 2-4】 某金融大厦项目采用的就是第三种模式:外方承担方案设计和扩初设计的建筑专业、智能化专业部分,中方承担扩初设计的结构专业、设备系统专业和整个施工图设计。在关键的扩初设计阶段按专业分工,采取紧密合作的方式,这相当于在接力赛交接过程中,接棒运动员有了一段助跑,对后续阶段设计工作的顺利进行大有裨益。经过工程实践的检验,该种方式基本适合我国的国情,也能较好地发挥中外合作设计的长处。

2.4 设计要求文件

2.4.1 设计要求文件依据

在整个设计管理工作中,业主方非常重要的一项工作是给设计提要求。施工的依据是图纸,设计的依据就是设计要求文件。图纸是把对施工的最终产品——建筑物的要求用图纸的形式表达出来,对施工来说图纸极其重要,如果没有详细的图纸,会给施工带来很大的困难。同样的道理,设计要求文件是将对设计产品的要求用文字形式表达出来,因此也很重要。但目前在实践中设计要求文件未能引起足够的重视,没有设计要求文件或要求文件不够详细,照样做设计,这是造成大量图纸返工、修改,委托方对设计成果不满意的重要原因之一。

具体来讲,设计要求文件的依据一般包括以下几个方面的内容:

1. 国家文件和规定

国家文件和规定是指国家制定的有关设计的法律法规、管理条例、通行文件等。比如 2002 年建设部制定的《工程建设标准强制性条文》(房屋建筑部分),2000 年国务院批准施行的《建设工程勘察设计管理条例》,2000 年建设部颁布实施的一系列建设工程设计委托合同(示范文本)等。

2. 城市规划文件

城市规划从政治、经济、社会、自然条件出发,研究城市发展的综合布置方案,因而属于政府部门的职能,体现政府部门通过参与设计工作的管理以达到控制项目建设的目的。在我国,城市规划工作一般分为城市总体规划和城市详细规划两个规划设计阶段。

对一个具体的建设工程项目而言，城市规划的主要控制参数有建筑物、构筑物的类型或用途、基地总面积、规划控制红线、建筑面积密度（容积率）、建筑覆盖率、建筑物最高高度、主要的人流和车流入口位置、需设置的机动车/非机动车车位数、地面标高等。这些指标形成了项目建设或者说设计的最初约束条件，直接影响着建筑物的造型和结构。

3. 设计规范

城市规划确定了设计的依据，是政府部门控制的标准之一，而涉及具体的技术细节的控制标准是建筑设计规范。建筑设计规范是由政府或立法机关颁布的对新建建筑物所作的最低限度技术要求的规定，是建筑法规体系的主要组成部分。

建筑设计规范的编制因国家不同而不尽相同。有些国家由政府主管部门组织专家编制，由政府审查批准后公布；而有些国家则由学术团体或民间组织编写出"示范本"，由中央或地方立法机关颁布专门法令，加以全部或部分采用。在我国，建筑设计规范由国务院有关部门或其委托单位编写，并由国务院有关部门批准和颁发。到目前为止，收录在由中国建筑工业出版社出版的《现行建筑设计规范大全》中的规范、规程共计64个；《现行建筑结构设计规范》有关结构、抗震、勘查、地基与基础等方面的规范、规程共计36个；《现行建筑材料规范大全》有关建筑材料产品标准共计518个。

建筑设计规范涉及内容广泛，主要包括：建筑物按用途和构造的分类分级；各类建筑物的允许使用负荷，建筑面积、高度和层数的限制；防火和疏散，有关建筑构造的要求；结构、材料、供暖、通风、照明、给水、排水、消防、电梯、通信、动力等的基本要求（这些通常另有专业规范）；某些特殊和专门的规定等。

建筑设计规范的监督由城乡建设主管部门负责，设置专门人员按规范审查设计文件，对不符合要求的设计责成设计人员修改，否则将不颁发施工许可证。

4. 市政设施条件

市政设施条件通常是指设计场地周围的公用设施情况，如水、电、交通、运输、通信等供应能力和条件；现场及周围可供使用的临时设施及配套设施情况，如医疗、学校、文娱等条件。

5. 环境资料

环境条件一般包括气候条件、地质条件、水文条件等。

气候条件包括温度、湿度、日照、雨雪、风向和风速等。气候条件对建筑设计有较大影响，例如，我国南方多是湿热地区，建筑风格多以通透为主，北方干冷地区建筑风格趋向闭塞、严谨；日照与风向通常是确定房屋朝向和间距的主要因素；雨雪量的多少对建筑的屋顶形式与构造也有一定影响。

地质条件是指基地的平缓起伏、地质构成、土壤特性与承载力的大小，对建筑物的平面组合、结构布置与造型都有明显的影响。坡地建筑常结合地形错层建造，复杂的地质条件要求基础采用不同的结构和构造处理等。

水文条件是指地下水位的高低及地下水的性质，直接影响到建筑物的基础和地下室，设计时应采取相应的防水和防腐措施。

6. 业主的功能要求

业主的功能要求是指业主对项目的需求以及为了满足这种需求，项目应该具有的功能和使用要素。应当注意的是，功能需求的明确是一个渐进的过程。

在进行了功能分析之后，就可以对各功能分区进行使用要素的面积分配，比如每个功能分区包括哪些使用要素，这些使用要素的面积分配是多少等，通常会得出一张使用要素面积分配一览表。

2.4.2 设计要求文件的概念

(1) 设计要求文件的作用

设计要求文件是确定工程项目和编制设计文件的依据，是设计阶段质量控制的重要内容之一。建设工程项目设计要求文件的编制过程实质是一个项目前期策划的过程，是一个对建筑产品的目标、内容、功能、规模和标准进行研究、分析和确定的过程。设计要求文件的作用主要表现在以下两个方面。

1) 设计要求文件是进行工程设计和其他准备工作的依据，是指导设计工作开展的大纲，各专业设计单位进行设计主要是依据经批准的设计要求文件来进行。如果没有设计要求文件，建设工程项目的设计工作就毫无头绪，无从下手。同时，设计要求文件还是项目建设过程中土地征用、工程招标、设备洽谈订货的主要依据。

2) 设计要求文件是对拟建项目在规划、建筑、结构、设备等方面所达到的目标的系统描述，是业主对项目功能要求的集中体现。业主对建设工程项目的组成结构、空间功能、建筑总体要求、建筑设备要求、规模标准等需求都是以设计要求文件的形式体现出来的，如果没有设计要求文件，设计单位设计出来的建设工程项目就会偏离业主的预期。

(2) 设计要求文件的重点

业主对建设工程项目的功能要求是设计要求文件的重点，关于功能的描述是设计要求文件的重要组成部分，功能描述的质量在很大程度上决定了方案设计的质量。因此，功能描述必须准确、严谨，又能充分体现业主的意图，需要注意以下几点。

1）对功能的要求要合理适当，使项目的投资能控制在业主既定的投资范围内。过高的要求必然会增加投资，甚至使方案不可行。

2）对功能的描述要尽量具体，避免使用模糊语言。模糊语言导致模糊理解，不同的理解导致不同的方案，使方案失去可比性。

3）对功能的描述应全面，不能遗漏，否则将对以后的设计进度产生影响。

（3）设计要求文件的类型

建设工程项目的每一个设计阶段都应该有针对其阶段的设计要求文件，根据设计阶段的不同，对设计起指导作用的设计要求文件也不同。

【案例2-5】 上海某金融大厦项目设计管理，其各个阶段的设计要求文件如表2-7所示：

某金融大厦各个阶段的设计要求文件　　　　表2-7

序号	名　称
1	方案征集文件
2	优化方案设计要求文件
3	初步设计要求文件
4	修改初步设计要求文件
5	施工图设计要求文件
6	弱电系统设计要求文件
7	精装修设计要求文件
8	外立面幕墙设计要求文件

重点：业主对功能的要求

这些设计要求文件共同构成对金融大厦的设计要求，在不同的设计阶段指导该金融大厦项目设计工作的开展。需要注意的是，所有设计要求文件的内容和深度必须满足建设部颁布的《建设工程设计文件编制深度的规定》（2003年版）的要求。

2.4.3 设计要求文件的内容

随着建设工程项目设计阶段的不同，设计要求文件的内容和侧重点也有所不同，这里以初步设计要求文件为例，介绍设计要求文件的内容。初步设计要求文件主要包括项目组成结构、项目的规模、项目的功能、设计的标准和要求、项目的目标等内容。

1. 项目组成结构

项目组成结构图主要说明项目有哪些部分组成,包括哪些单体,并绘制出每一部分的项目组成结构图。

2. 项目的规模

项目的规模主要说明项目的占地面积、总建筑面积、项目各组成部分的建筑面积及其分配、各房间的大小等内容。

3. 项目的功能

项目的功能主要说明项目的用途,例如展览、会议、餐饮、住宿、办公、生产等。

4. 设计的标准和要求

对项目的不同部位,有不同的设计标准,例如某金融大厦项目有五个大会议室,其中一个是国际会议室,四个是普通会议室,国际会议室的设计标准比普通会议室要高很多,主要表现在设备、装修等方面。

5. 项目的目标

项目的目标主要说明项目的投资目标、进度目标和质量目标,供设计人员在编制设计文件时参考。

【案例 2-6】 在某金融大厦项目中,业主委托项目管理单位承担本项目的设计管理工作,项目管理单位针对不同的设计阶段,编制了方案设计要求文件、初步设计要求文件,其包括的内容如下所示。

1. 方案设计要求文件

(1) 项目区位

(2) 场地原有条件

(3) 规划技术经济指标

包括容积率、覆盖率、建筑高度、停车场面积、绿化率等。

(4) 市政设施现状

包括雨水排泄系统、污水排水系统、上水系统、供电系统、电话通信、燃气等。

(5) 自然条件

包括气象资料、地质资料等。

(6) 建筑功能组成

包括地下室、裙房部分、某银行总行办公部分、高级写字楼部分、多功能厅兼大会议室、设备层、避难层、室外总体等。

(7) 设计要求

1) 建筑设计要求

① 建筑总体布局及单体设计必须做到功能合理，交通方便，体现出功能与环境的统一。

……

2) 结构设计要求

① 结构抗力体系要求技术先进、布局合理、经济、牢固、安全，尽量采用国内优质材料。

……

3) 机电设计要求

① 电梯根据实际用量来确定，要求快速、稳定、舒适，满足大厦人流的需要，宜采取分区服务，设监控和群控设施。

……

4) 建筑装修标准

要求高雅、简朴，用材新颖先进、安全可靠，达到美观、实用、经济，符合防火、防盗、隔音、保温的要求。

5) 停车车辆暂定 350 辆(其中地面约 35 辆)，自行车停放数为 400 辆。

(8) 工程项目估价(建筑安装工程)

包括室外总体、土建工程、机电设备安装、室内装修、家具及设备等。

2. 初步设计要求文件

(1) 前言

(2) 项目组织结构

包括裙房主楼(一至五层)组织结构图、南楼(六层以上)组织结构图、北楼(六层以上)组织结构图、地下室组织结构图、室外总体组织结构图等。

(3) 建筑设计要求

包括总平面设计要求、地下室部分设计要求、主楼和裙房±0.000以上平面图要求、建筑立面设计要求、室内各主要用房的面积、各层面(包括地下室)主要房间室内装修用料、室内精装修要求等。

(4) 结构设计要求

包括提供设计规范、说明工程地质情况、地基基础及地下室结构设计要求、上部结构设计要求等。

(5) 机电设计要求

包括供配电设计、给水排水设计、暖通空调设计、动力部分设计、电梯配置、弱电智能化系统设计、设备选用及布置等。

(6) 初步设计总概算要求

2.5 设计委托合同

2.5.1 设计委托合同标准文本

国际上，设计和项目管理、工料测量一样，属于工程咨询的一种，设计委托合同属于咨询合同的范畴。在工业发达国家和地区，例如美国、德国、英国、日本、新加坡、香港等，工程咨询合同标准文本一般由行业协会负责制定。

1. 国际设计委托合同文本

目前国际上比较典型的、有影响的、且应用广泛的设计委托合同文本主要有以下几种：

1) 国际咨询工程师联合会(FIDIC)制订的 FIDIC 合同"业主/咨询工程师标准服务协议书"(The Client/Consultant Model Services Agreement, 4 Edition 2006)；

2) 美国建筑师协会(AIA)制订的 AIA B141"业主与建筑师的标准协议书"(AIA Document B141, Standard Form of Agreement Between Owner and Architect-1997 Edition)；

3) 英国皇家建筑师协会、皇家特许测量师协会、咨询工程师联合会等机构组成的联合委员会(简称 JCT)制订的"设计与施工总承包协议书"(JCT, Design and Build Contract 2005, Third Edition)；

4) 世界银行制订的"咨询工程师标准服务协议书：固定总价"(Standard Form of Contract, Consultants' Services: Lump Sum Remuneration, The World Bank, Washington D.C., June 1995)。

以上合同文本被广泛用于国际上的大中型建设工程项目中。其中国内采用较多的是国际咨询工程师联合会(FIDIC)制订的 FIDIC 合同"业主/咨询工程师标准服务协议书"(The Client/Consultant Model Services Agreement, 4 Edition 2006)。

2. 国内设计委托合同文本

2001年国家建设部和国家工商管理局联合颁布了《建设工程设计合同（示范文本）》（建设［2000］50号）。《建设工程设计合同（示范文本）》有两种类型，分别针对民用建设工程和专业建设工程。民用建设工程设计委托合同由8部分内容组成，其内容如下：

1) 本合同签订依据；
2) 本合同设计项目的内容：名称、规模、阶段、投资及设计费用表；
3) 发包人应向设计人提交的有关资料及文件；
4) 设计人应向发包人交付的设计资料及文件；
5) 本合同设计收费估算及设计费支付进度表；
6) 双方责任；
7) 违约责任；
8) 其他。

专业建设工程由于其复杂性，其设计委托合同由12部分内容组成，其内容如下：

1) 本合同签订依据；
2) 设计依据；
3) 合同文件的优先次序；
4) 本合同项目的名称、规模、阶段、投资及设计内容；
5) 发包人向设计人提交的有关资料、文件及时间；
6) 设计人向发包人交付的设计文件、份数、地点及时间；
7) 费用；
8) 支付方式；
9) 双方责任；
10) 保密；
11) 仲裁；
12) 合同生效及其他。

此外还有各省市自治区自行制定和颁布实施的地方性设计委托合同文本，比如《上海市建设工程设计合同》、《浙江省建设工程设计合同》等。各省市自治区可根据当地实际情况选择地方性设计委托合同文本或建设部和国家工商管理局联合颁布的设计委托合同文本。

【案例2-7】 某金融大厦项目的设计委托合同由业主某金融大厦有限公司与

某中外设计联合体协商后签订。该合同采用 FIDIC 体系中《业主/咨询方标准服务协议书》的合同条件，包括标准合同条件、特殊应用条件以及附件 A、B、C、D、E、F、G、H，其内容如下所示。

1. 标准合同条件

包括定义及解释，设计方的义务，业主的义务，职员，责任和保险，协议书的开始、完成、变更与终止，支付，一般规定和争端的解决。

2. 特殊应用条件

（1）参照第一部分条款

该部分在参照第一部分文本条件的基础上，又对有必要作特殊规定的部分进行了细致和具体的说明，包括设备和设施，业主的职员，其他人员的服务，职员的提供，职员的更换，双方之间的责任，对责任的保险与保障，协议书生效，开始和完成，延误，撤销，暂停或终止，额外的服务，支付时间、货币形式及过期补偿，支付的货币，有关第三方对设计方的收费，语言和法律，立法的变动，版权，通知，仲裁规则、地点和语言等。

（2）附加条款

1）合同结构。合同由业主、设计外方、设计中方三方签订。合同中对设计外方与中方的设计阶段和责任作了说明：外方是设计合作体的主体单位，承担方案设计和扩初设计及精装修设计的责任，中方承担施工图设计及精装修施工图设计的责任。

2）履约责任。设计外方必须对方案设计、扩初设计承担的法律和经济责任，设计外方对中方关键图纸要进行认可。设计中方对施工图设计承担履约的法律和经济责任，必须对设计外方所作的方案设计和扩初设计部分进行复核。

3）合同酬金。规定了本项目设计总酬金和外、中两方的比例金额。这些费用中已包括室外照明、绿化、道路等总体设计、室内外精装修以及智能化控制系统的设计等。

4）设计中外方的任务分工。该部分对各阶段设计的深度、设计质量、常设代表的配备、设计方与施工单位的现场配合等作了详细规定。

5）合同文本。设计合同采用 FIDIC 标准文本，其中特殊应用条款按中国有关规定起草。

6）设计组织。本部分对设计联合体的主体单位、外方设计单位的牵头单位、中外设计联合体的组织结构图（在附件 D 中列出）、扩初设计、施工图设计的工作方式，中外设计班子的人员组成等进行了说明。

7) 合同方式。本部分列出了两家外方设计单位之间的合作合同的原则条款(在附件 E 中列出)，设计外、中两方之间合作设计合同的原则条款(在附件 F 中列出)，本合同所遵循的文件以及设计中方向设计外方提供的规范。

8) 设计进度。本部分给出了设计总进度计划，规定了设计方向业主提供月度设计报告的要求，因设计方原因未按时交付图纸及文件的罚款比例，因设计方原因而延迟交图给施工单位造成损失的索赔方式等。

9) 设计酬金。本部分对设计方额外服务酬金的给付方式，专业责任保险购买情况，给设计方的定金等进行了说明。

10) 技术问题。业主负责向设计方提供经过复测的规划平面图，在每个设计阶段前向设计方提出设计要求，并在设计后提出确认意见。本部分还对属于精装修部分的主要空间，精装修部分各设计阶段的深度，弱电系统(包括智能化系统)各设计阶段的深度，限额设计的情况作了具体说明。

3. 附件

(1) 附件 A：本部分对服务范围进行了详细的说明，包括：可遵循的文件；服务范围(包括工作范围，设计内容和图纸份数)；中外设计方服务内容的分工；设计双方的责任；设计进度。

(2) 附件 C：本部分主要为酬金与支付的情况，而且还编制了设计酬金分期支付表。

(3) 附件 D：中外设计班子组织结构图及人员组成。

(4) 附件 E：两家外方设计单位合作合同原则条款。

(5) 附件 F：设计外方和设计中方合作设计合同原则条款。

(6) 附件 G：金融大厦设计总进度计划。

(7) 附件 H：意向书。

4. 设计委托合同的补充协议

根据在方案设计阶段原设计委托合同的履行情况，再加上由于国家间的差异，外方负责的扩初设计一直达不到国内进行施工图设计的深度，为了确保扩初设计的质量和进度，保证方案设计思想的实现，业主与设计中、外方经友好协商，一致同意调整扩初设计、施工图设计和施工阶段中的设计双方的责任、分工、组织、进度、酬金，并以补充协议的形式发出。

(1) 设计双方的责任

1) 原由设计外方承担扩初设计的法律和经济责任，现改为由设计中方承担。

2) 设计中方承担扩初设计责任的具体内容，按原合同第二部分特殊应用条款B. 附加条款第2.1条执行。

3) 设计中、外方各自对其设计部分承担技术责任，对因设计质量深度原因和设备选用(业主造成的除外)造成的返工或修改，属设计中方承担设计的部分由中方无偿修改，属设计外方承担设计的部分，由中方督促设计外方无偿修改。在以后的设计过程、施工配合及保修期中，任何设计变更若涉及扩初设计，由设计中方负责修改或督促外方修改，并承担由于修改图纸造成时间拖延的罚款。

4) 设计中方应按本补充协议的期限，确保每一工作步骤按时顺利进行，保证按时向业主交付完整的扩初设计文件(包括设计中、外方分别承担的部分，并已进行总体协调、双方各专业工种均已进行全面沟通、并已翻译成中文)，否则按本合同规定的比例向业主支付罚款。

5) 凡原合同中有关设计外方承担整个扩初设计责任相关联的条款，均应改为设计中方承担而作相应调整。

(2) 服务内容分工

1) 原合同规定，设计外方必须对设计中方承担的扩初设计部分进行认可，现改为由设计外方对设计中方提供咨询，最终扩初文本由设计中、外方共同审核。

2) 整个扩初设计质量若不符合政府有关规定，达不到业主要求，不能履行进度计划，均由设计中方承担责任。

3) 取消原定设计外方对设计中方所做的施工图设计的关键图纸进行认可。

4) 取消原定设计外方必须在施工阶段提供的服务。

5) 原定设计外方在扩初阶段承担的建筑、弱电(包括智能化系统)、精装修及完成室外总体设计，仍由设计外方负责。其深度必须符合中国建设部规定的扩初设计深度(中国的扩初设计深度与设计外方所在国家不同)，功能必须满足业主要求，并严格履行进度计划，否则按原合同规定承担相应的罚款。

6) 凡原合同中涉及设计中、外方服务内容分工的条款，均按此补充协议进行相应的调整。

7) 设计中、外方若对各自服务内容分工中的某专项设计无法完成，业主有权进行调整，重新委托其他单位来完成，并相应调整设计酬金。

(3) 设计组织及合作方式

1) 设计中方为扩初设计的总协调者，负责与设计外方的协调、负责各专业工种的技术协调和进度协调。设计中外方的合作原则为互相支持，互相配合，密切合作。

2) 设计外方首先进行建筑、室外总体设计和弱电系统的设计，按合作设计合同规定的时间与设计中方各专业工种进行协调，并最终完善这部分设计。

3) 设计中方开始进行结构设计及其他机电设备设计，并在合作设计合同规定的时间与外方建筑师进行专业工种协调。

4) 设计中方负责各专业工种设计的汇总，负责外方设计部分的翻译工作，并汇总制作扩初审批文本和概算。

5) 设计中方负责与规划及市政部门的咨询和协调，负责扩初设计审批的准备工作和组织工作，负责向政府部门的图纸介绍、回答问题、向业主交底等。设计外方的设计负责人参与扩初设计审批。

6) 根据政府有关部门的意见，扩初设计图纸由中、外方对各自的设计负责调整，由设计中方负责汇总制作完整的扩初设计文本，直至扩初设计审批得以通过。

7) 凡原合同中涉及设计中、外方在扩初设计阶段的设计组织及合作方式的有关条款，均按此补充协议进行相应的调整。

8) 如果因不可抗力造成设计有较大变动，应与设计外方讨论。

9) 设计中方对人员组成进行了一定的调整。

(4) 设计进度

根据设计的开展情况，又作了项目设计总进度计划，扩初设计阶段进度计划和施工图设计阶段的进度计划，并且具体列出了一些关键节点的必须完成时间。

(5) 酬金与支付

根据该补充协议对设计外方和中方的服务范围和所承担责任的调整，对原合同所规定的设计酬金进行了一定的调整（具体方案此处省略），并且相应地对设计酬金分期支付表进行了调整。

(6) 凡本补充协议未对各方责任、任务分工等进行修改的其他部分，均按原合同执行，合同各方均应严格遵守，承担各自的责任，履行各自的义务。

(7) 本补充协议是原合同的一个不可分割的组成部分，具有同等的法律效力。

(8) 本补充协议以中、英文编制，以中文文本为准。

(9) 本补充协议经三方签字之日起生效。

2.5.2 设计委托合同条款的分析

在起草设计委托合同时，标准条款一般参考选定的标准合同文本即可，但对特殊应用条款的起草要特别谨慎，反复推敲，因为这些条款是对标准条款的细化、补充、修改和说明,存在漏洞的可能性最大,也最容易引起合同争议和索赔。对于中外合作设计委托合同,尤其要对合同语言与遵守的法律、设计费计取及其支付、双方的责任及其期限、设计转包与设计分包、设计方现场代表等条款进行深入研究。

1. 合同语言与遵守的法律

我国的建设工程项目,无论是本国设计,还是中外合作设计,首选语言应当尽可能为中文,参考法律体系为我国的法律体系。但是由于项目的特殊性,选择的方式也不尽相同。以下是某金融大厦项目设计合同中对该条款的约定:

1) 合同语言:中文和英文
2) 主导语言:中文
3) 工作语言:对业主为中文,设计中外方之间的工作语言按合作设计委托合同条文
4) 合同遵循的法律:中国有关法律,例如:《中华人民共和国经济合同法》、《中华人民共和国涉外经济合同法》、《建设工程勘察设计合同条例》、《中华人民共和国经济合同仲裁条例》、《中华人民共和国民法》等。

2. 设计费计取

设计费的计取通常有两种方式:固定价格和可变价格。固定价格可以按项目投资的百分比计算,或按照建筑面积计算,也可以按照合同双方商定的固定价格;可变价格可以按成本加酬金计算,也可以按单位工作量的报酬乘以设计工作量计算。两种方式各有优缺点,可酌情采用。目前国内大多采用固定价格合同,但当项目投资或总建筑面积有较大变动时,如何对设计费进行调整应在合同中注明。对于业主要求设计单位提供的服务超出设计委托合同规定的范围,则超出部分的酬金需另补偿。

【案例 2-8】 某金融大厦项目在合同特殊条款中对设计酬金进行了如下约定:

1) 本项目设计总酬金 400 万美元(大写:肆佰万美元),根据《设计委托合同协议书》规定的设计外方和设计中方的服务范围和所承担的责任,设计外方设计酬金为 298 万美元(大写:贰佰玖拾捌万美元);设计中方酬金为 102 万美元(大写:壹佰零贰万美元)。

2) 以上设计酬金为总价包干,在项目设计全过程中,该酬金固定不变。

3) 以上设计酬金包括设计方为实施其服务所发生的一切国际、国内差旅费、膳食、住宿、办公、通信等各种费用,同时包括施工期间服务费、特殊专业顾问费、基坑围护设计费、风洞试验及振动台试验等费用。

3. 双方的责任及其期限

设计委托合同中要明确规定双方的责任，业主的责任一般包括向设计单位提供设计资料、设计要求文件等文件，及时确认设计成果等条款。设计单位的责任一般包括在规定时间内完成并提交设计文件和图纸，根据项目进展情况对设计图纸进行修改，负责与合作设计单位的设计协调并对所有设计文件图纸质量负责等条款。

此外，设计委托合同还应该明确规定双方责任的期限，一般是从设计委托合同签订时起，到项目保修期结束时止。

【案例 2-9】 某金融大厦项目对该问题进行合同约定如下：

1) 设计外方对方案设计和初步设计负责。

2) 设计外方承担的方案设计其深度必须符合中国的规定，其功能必须满足业主的要求，并能通过有关政府部门的审批及业主的认可，对因设计质量原因或设备选用造成的返工或修改，由设计外方无偿完成。在以后的设计阶段、施工配合及保修期阶段中的重大设计变更涉及方案设计，由设计外方负责修改，并承担因修改图纸造成时间拖延的罚款。

3) 设计外方承担的初步设计部分，其深度必须符合中国的规定，整个初步设计质量必须符合中国的有关规定，其功能必须满足业主的要求，并能通过有关部门的审批和业主的认可。对因设计质量原因和设备选用(业主造成的除外)造成的返工或修改，属设计外方承担设计的部分由外方无偿修改，属设计中方承担设计的部分，由外方督促设计中方无偿修改，任何设计变更若涉及初步设计，由设计外方负责修改或督促设计中方修改，并承担由于修改图纸造成时间拖延的罚款。

4) 设计中方对施工图设计负责。

5) 设计中方必须按照本合同有关规定，在方案设计阶段向外方设计单位提供咨询、负责征询规划及市政部门意见，并在设计外方的设计图纸上复核签字，确保方案审批得以通过，否则将向业主支付不大于同期设计酬金的违约金。

6) 设计中方承担的初步设计部分，其质量必须符合政府有关规定，其功能必须满足业主设计的要求，并能通过有关部门的审批。对因设计质量原因造成图纸返工或修改，除负责无偿修改外，还要承担因修改图纸造成的时间拖延的罚款。

7) 设计双方责任于本项目保修期结束时截止。

4. 双方的服务内容分工

设计委托合同中要明确规定双方的服务内容分工，只有明确双方的服务分工，双方才能够在理顺关系的前提下按部就班地负责自己的工作。

【案例 2-10】 某金融大厦项目在合同特殊条款中对中外双方设计单位服务内

容分工如下:

1) 设计外方服务内容分工:

方案设计,包括结构方案技术论证、方案设计估算、精装修及总体设计部分的方案设计;初步设计中的建筑和弱电部分设计(包括智能化系统设计),精装修设计和室外总体设计;负责初步设计各专业工种的技术协调、进度协调,对整个初步设计质量把关;承担中方设计部分的咨询顾问工作,设计外方将负责向设计中方解释方案设计的原则,并就初步设计提供建议。

2) 设计中方服务内容分工:

协助外方办理项目设计许可证等有关手续;对设计外方方案设计的咨询顾问工作,包括向设计外方提供必要的设计资料等;施工图设计,包括施工图预算、精装修部分的施工图设计;负责施工图设计的各专业工种的技术协调、进度协调,按合同规定的要求分批提供施工图,以满足业主提前招标及开工的需要,并负责对整个施工图设计质量把关。

5. **设计转让与设计分包**

由于设计委托合同的转让会大大增加业主的风险,业主应在设计委托合同中明确规定该合同不得转让。业主可以同意外方设计单位聘请国外分包以及国内合作设计单位承担机电设备、结构设计、二次装修等工作,但这些单位必须经过业主审查,其资质和设计经验必须满足业主的要求。任何设计分包合同的签订、修改和终止,必须经业主书面确认后才可成立,且这些设计分包合同不允许再行分包。

【案例 2-11】 某金融大厦项目对该问题进行合同约定如下:

1) 除支付款的转让外,没有业主的书面同意,设计方不得将本协议书涉及的利益转让出去。

2) 没有对方的书面同意,无论业主或设计方均不得将本协议书规定的义务转让出去。

3) 没有业主的书面同意,设计方不得开始实行、更改或终止履行全部或部分服务的任何分包合同。

6. **设计方现场代表**

设计委托合同中可以规定对设计方现场代表的要求。设计方现场代表的主要职责有:组织设计交底、参加有关工程会议、施工现场质量认可、参加隐蔽工程验收及工程竣工验收、处理工程质量事故及其他紧急情况、及时向设计方通报工程现场进展情况等。现场代表可由境外设计单位的人员担任,也可由国内合作设计单位人员担任。以下是某金融大厦项目设计合同对该问题的约定:

【案例 2-12】 某金融大厦项目设计方必须在施工期间派一名公司雇员作为现场代表常驻工地，该人员应能及时解决有关设计方面的所有问题，而不是一般联络员。该人员的更换必须事先征得业主的同意；设计中方承担本项目的施工配合工作，负责解决施工过程中的有关设计方面问题，包括设计变更、修改设计、补充详细图纸、有关签字。

2.6 设 计 协 调

2.6.1 设计协调的内涵和内容

1. 设计协调的内涵

设计阶段是一个由多个方面、多家单位、多个部门和众多人员共同参与的复杂的特殊生产过程，为了使这个复杂系统中所有参与元素有机结合、顺利运作，就必须进行有效的组织和管理协调。

由于受到传统建设体制的影响，造成了我国工程项目建设中设计和施工往往脱节，设计和施工配合不密切。所以，在我国，尤其在一些功能复杂、参与设计方众多和类型新颖的大型工程建设工程项目中，设计协调工作量非常大，其不仅涉及各家设计方专业分工和工作内容分工的内部协调，还与整个项目实施中的重要工作，如采购和招标等有关。

按照协调内容和对象进行划分，设计协调主要包含以下六个方面的内容，如图 2-14 所示。

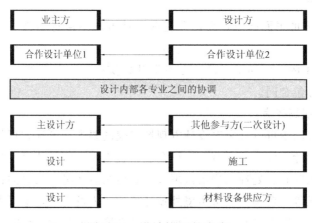

图 2-14 设计协调的内容

（1）业主方和设计方之间的协调

在设计过程中，业主方和设计方的矛盾是一个永恒的话题。这主要是由于两方面的原因造成的：

1）业主方需求的不断变化；

2）业主方对设计规范、强制标准要求等缺乏透彻的了解，对于设计过程中需要业主方决策的问题未能及时予以决策。

因此，业主方和设计方必须进行大量的沟通，将业主方的想法和意见及时提供给设计方，尤其双方的领导之间应当就设计问题及时沟通，并针对其具体建议，进行必要的设计修改。在设计前，业主对功能的要求应尽可能明确，在设计过程中，业主对设计的成果应及时予以确认，及时决策，并尽可能减少设计变更。对于较为复杂或较大的项目，可以选择由第三方专业公司来承担设计管理与协调的工作，以解决上述两方面的矛盾：

1）在设计前，专业公司帮助业主尽可能多的明确功能要求，减少设计变更的可能性；

2）专业公司提供必要技术支持，协助业主决策。对于业主方未能深刻理解的知识和技能问题予以解释和说明，并提供专业的咨询意见，以便业主方的决策。

（2）合作设计单位之间的协调

由于中外合作设计模式在国内项目上应用日益广泛，所以，中外方设计单位协调是一项非常重要的工作。由于双方在技术上、工作方式上以及对项目的理解上存在较大差异，往往会产生各种误会，这种误会日积月累，可能在合作中产生很大的矛盾，再加上双方在语言、文化和制度上差异，甚至可能造成双方合作不下去，因此业主方进行项目管理时一定要引起重视。双方的任务分工和责任必须在合作设计委托合同中予以明确规定，并且在后期花力气进行双方协调，及时解决和化解双方矛盾。此外，针对设计协调具体情况，还可以设立设计协调组来协调中外设计方分工和合作中的问题。

（3）设计内部各专业之间的协调

工程设计是一项复杂、专业化和系统的特殊生产过程，它需要各种设计工种进行相互协调和配合，比如建筑、结构、设备等，因此，在设计方内部之间必须进行良好的协调。通常做法是以建筑设计为龙头，结构设计和设备设计要在建筑设计的基础上配合进行，如果确认因为建筑设计而导致结构设计或设备设计无法进行，则再考虑调整建筑设计方案。建筑、结构、设备专业设计的流程如图 2-15 所示。

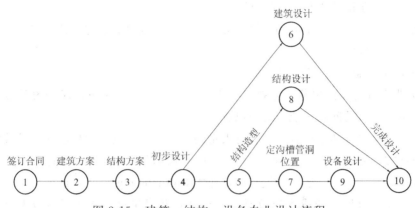

图 2-15 建筑、结构、设备专业设计流程

一般情况下,各专业工种的协调属于设计单位内部的事情,主要是通过设计单位的质量保证体系来实现,但是对于一些技术复杂的大型项目,或工期要求十分紧的项目,业主方也必须参与设计各工种的协调。

(4) 主设计方与其他参与方的协调

现代工程设计专业分工呈现出越来越细化的趋势,同时建筑材料和建造技术发展也日新月异。所有设计工作很难由一家设计单位来完成,需要有其他设计方参与细部设计,这些细部设计还可能涉及物资供应单位、加工制作单位和施工安装单位等。

由于大量如细部设计单位的其他设计方参与,主设计方与其他设计方之间容易产生沟通方面的矛盾,这一对矛盾会经常造成主设计方与其他参与设计方的问题。这一问题的解决一方面要有赖于主设计方的学习与成长,另一方面需要主设计方具有项目管理能力,能建立起协调解决问题的机制和方法。当主设计方缺乏这方面的经验和能力时,业主方也应当参与其中,或由设计方或业主聘请第三方设计管理公司来协调解决。

(5) 设计方与施工方的协调

设计与施工的协调是项目实施永恒的话题。在设计过程中,要充分考虑设计的可建造性,以及施工单位的实力和技术特点。在施工过程中,设计单位要负责解决可能出现的各种技术问题,配合施工以确保工期和质量。所以,必须做好双方的协调工作,实现设计和施工的顺利衔接。

在处理双方的协调工作时,要注意以下几方面问题:

1) 在设计过程中,督促设计单位按照设计进度出图,确保设计进度按照计划执行，以确保后续的施工单位选择以及工程施工的正常进行；

2) 在设计过程中，要充分考虑设计的可建造性以及当地施工方的能力和技术特点，设计方要认真听取施工方的意见。尤其是对于一些重要的关键的实施性强的节点和工艺设计，必要时需要预先确定承包方，使承包方尽早参与到专业设计中去，保障设计的可实施性；

3) 项目实施过程中，设计变更经常发生，有可能是业主提出，或设计单位提出，或施工单位提出，变更一经提出，要组织项目各主要参与单位进行讨论协商，综合考虑设计单位的可设计性与施工单位的可施工性，进而确认是否变更；

4) 建立起良好的设计方与施工方沟通机制，必要时，增加正常所需的沟通机会和频度，建议由第三方参与，保证沟通的有效性和实施效果，以实现设计和施工的顺利衔接。

(6) 设计方与材料设备供应方的协调

在设计阶段，考虑到材料和设备订货周期问题以及部分包含细部设计的专业设备采购，必须要求设计提供材料设备采购清单，并制订采购计划，根据工程实施的需要，安排设计和材料设备供应方的沟通和协调，以保障工程的顺利实施。在采购之前，设计单位要参与设备材料的询价；在采购过程中，要提出采购清单和技术要求，参与技术谈判；在确定设备选型后，要负责完善设计。因此，设计方与材料设备供应方的协调也是设计过程项目管理中的一项重要的协调工作。

2. 设计协调的工作任务

在设计阶段，业主方或其聘请的项目管理公司应通过设计协调，协助和确保设计单位做好以下工作：

1) 编制和及时调整设计进度计划；
2) 督促各工种人员参加相关设计协调会和施工协调会；
3) 及时进行设计修改，满足施工要求；
4) 协助和参与材料、设备采购以及施工招标；
5) 如有必要，出综合管线彩色安装图，确保各专业工种的协调；
6) 如有必要，进行现场设计，及时提供施工所需图纸；
7) 如有必要，成立工地工作组，及时解决施工中出现的问题。

2.6.2 设计协调的方法

设计协调方法主要包括三种方式：设计协调会议制度、项目管理函件、设计报告制度。

1. 设计协调会议制度

对于设计协调工作，应建立定期设计协调会议制度。按照设计协调内容的差异，设计协调会议制度主要包括三种类型的设计协调会议：

1）设计方与业主方设计协调会议；

2）设计方的现场协调会议；

3）设计方与材料设备供应方设计协调会议。

设计方与业主方设计协调会议主要用于设计方与业主方的定期交流和沟通，将业主方对于设计方工作的想法和意见提供给设计方；设计方的现场协调会议主要用于施工过程出现的设计问题的解决，及时解决施工过程中出现的技术问题；设计方与材料设备供应方设计协调会议主要解决材料设备采购中出现的需要设计方解决和确认的问题。

每个会议的参加人员、会议召开的时间、讨论内容、主持人员以及记录人员都应该在设计过程中事先以书面形式予以明确规定，形成规章制度。要做好会议记录管理和文件流转工作，保证会议上的决议能及时传递给相关各方。通常是由业主代表或是业主方项目管理公司主持该类例会的召开。

2. 项目管理函件

项目管理函件除了根据项目管理手册要求，对工程日常事务进行记录和确认以外，还可以用于对于工程设计中突发问题的解决，是业主方项目经理的书面指令，是对于设计协调会议制度的重要补充。它可以按照函件发出人或是接收人进行分类，比如对于业主方而言，可以将项目管理函件划分为设计方、承包商、供应商、政府部门、自行发出以及其他六大类。此外，对于项目管理函件的格式、书写内容、收发流程以及管理归档都应当在设计阶段形成书面制度，予以明确规定。

3. 设计报告制度

设计报告制度在设计阶段主要是指设计方向业主方提交的阶段性的报告，报告提供额度应当由整个设计过程的时间长度和业主方要求等因素确定，通常要求提供月报，主要内容是每个月的工作进度报告。有关设计进度报告的详细内容，请参见本书 2.2.2 设计过程项目管理的进度控制。

2.7 设计专业保险

《中华人民共和国保险法》把保险表述为：本法所称保险，是指投保人根据合同约定,向保险人支付保费,保险人对于合同约定的可能发生的事故引起发生造成的财产损失承担赔偿保险金责任,或者当被保险人死亡、伤残、疾病或达到合同约定的年龄期限承担给付保险金责任的商业保险行为。保险责任以保险合同和保单为依据。

设计保险属于专业保险,保险人对从事设计的单位因疏忽、错误、不作为造成建设方损失承担赔偿保险金责任。在我国,这项保险处于起步阶段,尤其对于责任界定、理赔等方面还有待法律的完善和实践的考验。

保险合同管理主要包括设计保险合同的订立、履行、变更和续保等关键环节。根据合同管理的主体的不同,设计专业保险合同管理分两个层面:一方面是监管当局对设计专业保险合同的监督管理;另一方面是保险公司在相关政策法规允许的条件下,实施全方位合同管理。

设计的保险合同要根据具体的保险标的风险程度,注意关键条款的具体内容,如保险费率、保险金额、除外责任范围、保险项目等。

全方位合同管理模式以保险合同订立为界,分为保险合同订立前管理和保险合同订立后管理两个过程。关键性的保险条款:一是保险标的,根据具体情况确定投保的工程项目范围;二是保险公司的保险责任,根据标的风险状况和投保的具体要求去核定保险责任范围以及除外责任范围;三是保险金额的确定,选择保险项目的保险价值的确认方法,确定保险的金额;四是保险费率的确定,这是双方非常关注的条款要素,由保险公司根据费率厘定的原理厘定之后,再由双方商定;五是出险后损失的核定方法和赔偿方式,具体按照重置价值法、市场法还是收益现值法等,需由双方商定后在合同中明示。总之,设计保险合同签订的前期工作非常关键。全方位保险合同管理后期主要涉及合同的履行,主要包括防损、理赔和续保。

保险偿付能力是指保险企业对被保险人履行赔偿给付义务的能力。其含义是保险企业在任何时候都有能力履行补偿给付义务。多数情况下,只要保险公司的保险费率厘定合理,保险基金运作规范,保险公司可以达到合理的偿付能力。但是在工程保险实际运作中,工程保险费率是在一定假设条件下,估计工程风险分布情况,根据数理统计原理估算风险损失发生概率和损失额确定。因此,保险费和实际损失赔偿额之间会出现偏差。保险偿付能力监管主要考虑这种偏差较大情况下,履行赔付责任的能力。

我国保险法规定只要投保人提出要求,保险人同意承保,并就合同条款达成协议,保险合同就宣告成立。有些合同在履行中,由于客观条件变化,合同当事人双方在达成一致的情况下，可以变更保险合同的有关内容，但必须依法变更保险合同。

保险合同的订立过程一般是保险人将事先已拟定好的合同交给投保人，投保人如不接受其中某些条款，则保险双方协商修改。这种合同签订方式可能对投保人不利，因为保险双方存在某种信息不对称性。为了防止保险合同显失公平，国家对金额较大的保险合同实施监管，保证合同的公平性以维护投保人的利益。

我国《保险法》规定投保人进行保险欺诈应承担相应的法律责任，以法律手段强制投保人履行信息披露义务。在工程领域，投保人应提供必要的工程资料。

信息由两个方面构成：一方面是保险方面的信息，包括公司财务状况、保险产品信息、保险金额、保费、理赔额、损失概率等数据信息，为费率厘定、保险偿付能力监管和市场行为监督提供数据基础；另一方面是工程方面的信息包括各类工程的施工技术、施工现场管理、主要的工程风险源和典型的工程险事故等有关信息。

对保险除外责任，一般情况下，总除外责任包括战争或类似战争行为除外、罢工除外、被保险人的故意行为或重大过失除外等。对于物质损失项下的除外责任，保险评估人应注意两种原因导致损失不能获赔：一是设计错误引起的损失和费用，是指承包商按照建设方和设计单位提供的施工图纸进行施工的过程中，由于施工图纸中存在的设计错误和缺陷导致标的损失和费用，保险公司一般不负责赔偿。但是由于设计错误和缺陷造成第三者责任损失的，保险公司负责赔偿。二是因材料缺陷或施工工艺不善导致被保险财产的损失费用的，当材料缺陷或施工工艺不善引起的保险标的的本身损失属于除外责任，保险公司不负责赔偿。但是材料缺陷或施工工艺不善的保险标的引起事故，造成其他保险标的损失和费用，属于保险责任，保险公司负责赔偿。比如一个化工厂的承包项目，在建造排放废气的高烟囱时，因为使用了劣质水泥，导致烟囱建成后一个月（保险期内）发生坍塌，导致附近的一座车间厂房损坏。对于烟囱和厂房的损失，保险公司只负责赔偿厂房损失，而烟囱损失保险公司不负责赔偿。对于保险标的的材料存在缺陷或施工工艺问题，但未造成损失的，为防止损失发生而进行修复，矫正部分所发生的费用，也属于除外责任，保险公司不负责赔偿。

在判定损失责任时，必须以保险合同为出发点，斟酌保单所列的承保责任和除外责任。此外，还要注意附加条款，它所规定的责任子目也属于承保范围。

3 案例资料

3.1 项目前期策划案例

3.1.1 环境调查与分析

案例背景

某软件园位于某市开发区新区范围内的南部地块,总用地面积约为6.2平方公里,约占新区用地面积的三分之一,于1997年3月被原国家科学技术委员会批准为首批"国家火炬计划软件产业基地"之一。

为保证项目具有充分的可行性,本软件园项目在2001年6月至12月做了详细的前期策划。前期策划的第一步就是环境调查与分析。通过环境调查,可以获得大量的信息,进而进行整理和分析,为项目的前期策划提供依据。在软件园项目的环境调查中,对同类项目的经验借鉴,将有助于项目的功能定位和面积分配,而这正是软件园项目前期策划的重点内容之一。

1. 项目建设现状

软件园项目在实施初期,没有做系统的前期策划,开发建设带有较大的随意性。园内先期建设了一条道路,就像用一把剪刀,把原本美丽的图案当中剪了一刀,而道路端头又建造了软件园大厦,如图3-1所示。

当时,陆陆续续有部分项目被批准建设、正在建设或已经建成,造成整个软件园的开发建设有些杂乱无章的感觉,同时给后续的建设和使用带来诸多的问题和麻烦。因此,经策划方与建设单位多次沟通后,开展了软件园项目前期策划工作。

图 3-1　软件园前期策划前的建设现状

2. 同类项目调查分析

为了搞清楚软件园是做什么的，以及它能够提供什么功能，必须首先对成熟的软件园进行充分了解，总结其特点、成功的经验和教训。为此，策划小组首先进行了项目的环境调查与分析，采用现场实地考察和网上信息搜集等多种方式对如表 3-1 所示的国内外已经或正在建设的一系列软件园做了广泛的调查和分析。

所调查的国内外部分软件园列表　　　　　表 3-1

国内外部分软件园	
国内部分	国外部分
● 东大软件园　● 福州软件园 ● 南方软件园　● 天津软件园 ● 金庐软件园　● 昆明软件园 ● 西安软件园　● 北京软件基地 ● 广州软件园　● 北京软件园 ● 西部软件园　● 杭州软件园 ● 大连软件园　● 创智软件园 ● 上海浦东软件园 ● 深圳赛韦博尔软件产业园 ● 台湾 NANKANG 软件园 ● 台湾新竹科技园	● Tri Valley 科技园（美国） ● 新加坡科技园（新加坡） ● Solartown 科技园（美国） ● Heidelberg 科技园（德国） ● Access 工业园（奥地利） ● Shimane's 软件园（日本） ● Scott Six 工业园（美国） ● Berlin adlershof 科技园（德国）

国内各大软件园区功能比较表

表 3-2

		东北大学软件园	天津华苑软件园	西安软件园(一期)	西部软件园	杭州软件园	大连软件园(一期)	创智软件园	福州软件园	金声软件园	北京软件基地	北大青鸟软件园	上地软件园	昆明高新软件园	广州软件园	上海浦东软件园	深圳赛博尔软件产业园	南方软件园(东区)	北京软件园	平均值
总占地面积(万 m²)		53.3	33.3	2.8	26.7	53.3	164	1	66.6	56.9		1.5	180	6.7	200	15	36	8		
总建筑面积(万 m²)				4.2	13		5	2				1.8	50			3	50	3		
容积率				1.5	0.49		0.03					1.2	0.28			0.2	1.4	0.37		
绿化率				31%																
建筑密度									50%以上	50%以上	50%以上									
软件研发功能区	占地面积(万 m²)	√	√	√	√	√	√	√	√	√	√	√		√		√	√	√	√	
	建筑面积(万 m²)	√		√	√	√	√										√	√	√	
硬件生产功能区	占地面积(万 m²)				√															
	建筑面积(万 m²)																			
软件加工生产功能区	占地面积(万 m²)	√	√	√		√	√	√		√						√	√	√	√	
	建筑面积(万 m²)																			
软件测试功能区	占地面积(万 m²)			√		√	√										√	√	√	
	建筑面积(万 m²)																			
公共印刷品功能区	占地面积(万 m²)																	√		
	建筑面积(万 m²)																			
软件展销功能区	占地面积(万 m²)	√	√	√	√	√	√	√		√					√	√	√	√	√	
	建筑面积(万 m²)																			
会展中心	占地面积(万 m²)															√	√	√		
	建筑面积(万 m²)																			
培训中心	占地面积(万 m²)						√							√		√	√	√	√	
	建筑面积(万 m²)																			

续表

功能分区		指标	单位	东北大学软件园	天津华苑软件园	西安软件园(一期)	西部软件园	杭州软件园	大连软件园(一期)	创智软件园	福州软件园	金庐软件园	北京软件基地	北大青鸟软件园	上地软件园	昆明高新软件园	广州软件园	上海浦东软件园	深圳赛博韦尔软件产业园	南方软件园(东区)	北京软件园	平均值
园区管理功能区	园区管理	占地面积(万m²)	%	√	√	√	√	√	√	√	√	√	√			√		√		√	√	
	图书资料中心	建筑面积(万m²)	%		√		√	√	√													
	网络通信	占地面积(万m²)	%	√		√	√	√				√				√		√		√	√	
生活功能区	普通公寓	建筑面积(万m²)	%						√								√			√		
	高级公寓	占地面积(万m²)	%	√			√	√	√	√		√						√		√	√	
	宾馆	建筑面积(万m²)	%	√		√		√	√	√		√				√		√	√	√	√	
	休闲娱乐区	占地面积(万m²)	%	√	√	√	√	√	√	√	√	√				√		√		√	√	
公共空间	室外空间	建筑面积(万m²)	%		√		√	√	√			√				√		√	√	√	√	
	公共设施	占地面积(万m²)	%				√	√	√			√				√		√		√	√	

在广泛而深入的环境调查基础上，策划小组重点选取了国内几个比较成功的软件园进行对比分析，列出了国内各大软件园区的功能比较表（表3-2），从而理清了软件园应具备的核心功能和各功能之间的内在关系。

在上表中，对每一软件园的占地面积、总建筑面积、容积率和绿化率等都做了统计和分析，特别是对软件园需要具备哪些功能进行了详细的调查和分析。经分析得出，软件园的第一个功能是进行软件的研发；其次，还要有软件的加工、生产和测试等功能，这是一般软件园所共有的。同时，调查发现有些软件园还拥有精密的硬件生产功能，而且由于高科技汇集的软件园更新换代很快，需要有展览展示以及会议和培训等功能。

通过对同类项目的调查分析，策划人员还改变了对软件园原有的一些错误或片面认识。在本项目策划初期，策划人员认为软件园的布局要遵循动静分离的原则，但通过对同类软件园项目的调查研究发现，软件研发人员的生活和工作习惯有很大的随意性，并且有很多人员喜欢住所与工作室紧挨，以方便他们晚上彻夜工作，白天睡觉休息。这要求在空间布局上应能够尽可能迎合他们的工作、生活方式。

小结

该软件园在项目前期策划的环境调查与分析中，十分重视同类软件园项目经验和教训的分析和总结。通过对国内外知名软件园的调查、分析和借鉴，不仅可以避免同类错误的再度发生，准确定位项目的功能和规模，还有助于丰富策划人员的视野，减少对策划对象的错误或片面认识，为前期策划成果的获得奠定坚实的基础，切实提高项目的经济效益和使用价值。

但对同类项目的经验借鉴应不仅限于功能分析上，还应该包括产业的定位、产业发展的战略、政策措施、开发策略以及组织管理机构设置等方方面面。如何充分借鉴这些经验，少走弯路，少犯同类型的错误，是项目策划人员必须面对和思考的问题。

3.1.2 项目决策策划—项目产业策划

案例背景

某科技创业社区位于南通市新城区，规划用地面积约 $28000m^2$，净用地面积约 $22000m^2$，具有优越的区位条件。

科技创业社区的开发和建设涉及产业定位、功能定位、规模定位、开发策略和政策制定等诸多方面。其中，包括产业定位在内的产业策划是第一步，它直接决定了后续策划工作的具体内容和目标。产业策划必须回答如何进行产业策划，区域产业环境分析应从哪些方面着手，如何进行产业定位，如何制定产业发展的思考等问题。

1. **产业策划的总体思路**

科技创业社区产业策划的总体思路如图 3-2 所示。

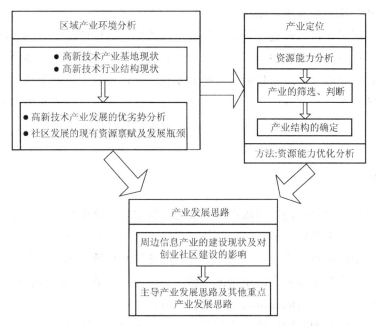

图 3-2 科技创业社区产业策划的总体思路

2. **区域产业环境分析**

（1）南通市高新技术产业基地概况与行业结构

策划小组走访了南通俄罗斯高新技术成果转化园、南通化工新材料产业基地等八家南通市高新技术产业基地，对它们的工业总产值、利税、高新技术企业数目和产业特色等进行了详细的调查和分析。

在行业结构方面，经调研发现，在南通现有高新技术产业的六个行业中，以工业总产值为指标，电气机械及设备制造业、新材料制造业、电子及通信设备制造业所占比重较大，成为南通高新技术产业的"三驾马车"；专用科学仪器设备制造业、医药制造业、计算机及办公设备制造业比例较小。目前，尚没有航空航天制造业，高科技产业优势仍在形成之中，高科技产业结构如图3-3所示。

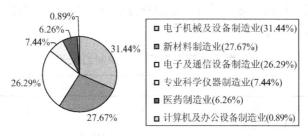

图3-3　南通高科技产业结构（2004年）

（2）南通市高新技术产业发展优劣势分析

1）发展优势

① 高新技术产业产值呈现快速增长的良好态势；

② 高新技术产业经济效益改善，产值、销售、效益同步快速增长；

③ 产业竞争能力增强；

④ 高科技主导产业集聚效应初步形成。

2）发展劣势

总体上，南通高新技术产业发展还处于初级阶段，总量偏小。2004年江苏沿江八市高新技术产值、效益情况如表3-3所示。

2004年江苏沿江八市高新技术产值、效益情况表　　表3-3

城市	产值（亿元）	占全省比重（%）	利税（亿元）	占全省比重（%）
苏州	2436.98	41.3	127.51	32.38
南京	972.88	16.49	65.44	16.62
无锡	894.79	15.16	65.1	16.53
常州	425.06	7.2	33.75	8.57
南通	267.57	4.54	25.08	6.37
镇江	257.2	4.36	18.34	4.66
泰州	254.88	4.32	25.65	6.51
扬州	166.24	2.82	10.5	2.67

发展劣势主要表现在：

① 缺乏大型骨干企业支撑，高科技产业聚集效应不突出；

② 科技经济外向度占比仍然偏低；

③ 高新技术产业科研发展经费(R&D)投入少，产业附加值不高。

(3) 社区产业发展的现有资源禀赋与若干瓶颈

经调查发现，社区产业发展有良好的资源禀赋，但也存在着制约产业发展的诸多瓶颈，如表 3-4 所示。

社区发展的现有资源禀赋和制约瓶颈　　　　　表 3-4

现有资源禀赋	制约发展的瓶颈
● 独特的区位地形和交通优势 ● 一流的城市建设及基础设施条件 ● 本地研发力量的集中支持 ● 一定的人力资源综合优势 ● 较大的市场辐射潜力 ● 有力的政策资源优势 ● 现有的建设与运营经验积累	● 现有的高新技术产业基础薄弱 ● 缺乏高层次技术人才及研发力量 ● 产学研结合机制有待进一步完善 ● 高新技术转化的配套服务体系不足

3. 产业定位

(1) 资源能力优化分析

策划小组把在企业发展战略制定方面应用较广的"资源、能力优化分析方法"应用于南通市高新区产业定位与发展战略的制定。该方法主要通过分析各种资源和能力对某一行业发展的重要性以及该地区的拥有程度，根据产业发展要求与地区资源、能力优势的匹配程度，筛选出适合该地区发展的行业。

1) 方法简介

这是一种将产业发展需求和地区比较优势结合起来的分析方法，将产业发展需求和地区优势匹配起来，从而优化该地区的主导产业选择和资源配置。该方法采用坐标轴分区图，纵轴代表资源和能力因素对该产业的重要性，横轴代表某一地区对资源和能力因素的拥有程度。根据两大指标的强弱程度，在坐标轴内划分出四个区域，以一个点表示一种资源和能力因素。根据两维坐标将各个点进行定位，分析出该地区对关键因素的拥有程度。

2) 方法具体说明

首先，用一个图分析某一个产业。第一，右上部分的点表示某一因素对产业的发展较为重要，而该地区正好在这个因素上具有优势；如果右上部分的点相对比较多，说明该地区的优势与产业发展要求是匹配的，该地区适合发展这一产业。第二，左下部分的点表示对某产业发展并不重要的因素，而该地区在这些因素上也没有很大优势。这种情况也较为理想，说明该产业的发展并不会受到该地区劣势的影响。第三，左上部分的点表示某一产业发展的关键因素，该地区在这些因素上并不具备优势，如果短期内该地区难以在这些资源、能力因素上有所提高，那么这一产业就不适合成为该地区主导产业。第四，右下区域的点表示该地区拥有的优势因素对该产业发展并不重要。在这种情况下该地区的资源配置需要调整，一种方法是将优势资源从该行业中转移出来，投入到那些对这些资源因素要求比较高的产业中去。

然后，分别针对不同的产业画出相应的图，并按照以上思路进行资源能力分析，比较各个产业与该地区优势的匹配程度。如果某一产业在右上和左下部分集中的点较多，说明该产业适合这一地区发展。

3）两大类参数的选择

这一分析方法涉及行业参数和资源能力因素参数两大类，即选择哪些产业进行分析，以及选择什么资源和能力因素进行定位。

① 行业参数选择

在行业选择方面，周边地区创业中心的产业选择对南通创业社区具有重要的借鉴意义。为此，策划小组对周边地区创业中心的高科技主导产业进行了调查和分析，见表3-5。

南通周边地区创业中心高科技主导产业调查分析　　表3-5

创业园区	主导产业
苏州高新技术创业中心	电子软件业、生物医药、环保业和光机电一体化
无锡市高新技术创业服务中心	IC、软件、光机电一体化、生物工程及医药、新材料和环保产业
宁波市科技创业中心	电子信息、生物医药、新材料、光机电一体化
南京(高新区)科技创业服务中心	电子信息、生物医药、航空航天和新材料
常州市高新技术创业服务中心	光机电一体化、电子信息、生物医药和精细化工
扬州高新技术创业服务中心	电子信息、软件、光机电一体化、精密机械设计和制造、生物工程及新医药、新材料、节能环保、精细化工
泰州创业中心	电子信息、生物医药、基因工程、新型材料
杭州高新区科技创业服务中心	现代通讯设备制造、软件、IC设计、光机电一体化、生物医药、新材料

由上表可以看出：

——各个创业中心基本都是选择大的电子信息概念作为首选主导产业，苏州、无锡、杭州等则根据当地产业优势集中在电子信息的软件、集成电路等细分领域；

——电子信息产业链庞大而复杂，某一个地区或者大型企业都很难在产业链的每个环节都做好，因此需要对信息产业进行进一步划分，以寻求适合地区发展的产业环节，大体上可以分为电子信息产品制造业和信息服务业两部分；

——此外，各地创业中心的其他主导产业主要有生物医药、新材料、光机电一体化、精细化工、环保产业和航空航天。这些可以作为南通创业社区进行产业选择的参照体系。

同时，南通创业社区的产业选择还应该立足于南通现有的产业基础以获得相应的支持。虽然产业发展战略具有一定的前瞻性和先导性，但是也不能完全脱离南通现有的产业基础。根据前面对南通高科技产业的分析可以看出，南通在电子元器件、医药、新材料、光机电一体化方面都具有一定的产业基础，而在电子信息高端产品、节能环保、航空航天等方面尚未形成产业基础或者基本上是空白。

综合周边地区产业和南通现有基础，最终选择信息产品制造业、信息服务业、生物医药、新材料、光机电一体化五大产业进行分析。

② 资源、能力因素参数选择

需要考虑的资源、能力因素主要有：技术壁垒、初期投入、人力资源、基础研发平台、产业基础和产业聚集度等内部因素，以及周边市场需求、区位优势、商务成本、环保条件、政策支持和占地要求等外部因素。

4）南通创业社区产业发展的资源、能力分析

通过产业资源、能力分析方法可以使南通创业社区选择自身优势与产业发展需求最为匹配的产业，从而在最大程度上扬长避短，实现高科技产业带动区域经济发展、区域优势促进科技产业提升的双赢。

以社区发展信息产品制造业、信息服务业为例，其资源、能力分析分别如图 3-4 和图 3-5 所示。

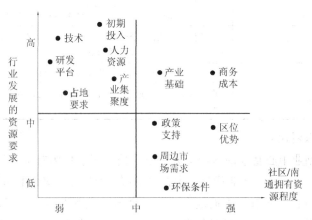

图 3-4　发展信息产品制造业的资源、能力分析

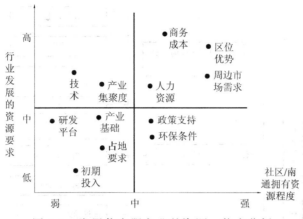

图 3-5　发展信息服务业的资源、能力分析

(2) 社区产业的筛选、判断

从对产业的资源、能力分析比较得知，信息服务业在右上和左下区域集中的点较多。因此，信息服务业与南通创业社区的特殊性具有较高的匹配度，使之在最大程度上实现扬长避短，它可以成为南通创业社区优先发展的主导产业。

此外，还可得出：

1) 如果社区在信息服务业的发展上先期取得突破发展，从信息产品的区域销售与服务入手，可以充分发挥周边现有的智力和人才资源优势，从而在信息产品制造业的某些特色细分领域寻求突破；

2) 南通生物医药产业整体偏弱，但是在中药产业方面有一定的知名度，可以考虑在创业社区内，重点依托南通大学医学院、附属医院等进行技术创新和开发，加快用现代高新技术改造传统中药产业的步伐，促进南通医药工业的结构升级和快速发展。同时积极与上海接轨，寻求与上海互补的产业方向；

3) 可以将光机电一体化作为重点关注发展的产业之一；

4) 新材料产业可以成为社区内重点关注发展的首选储备产业。

(3) 产业结构的确定

经过上述分析，得出社区高新技术产业的结构框架如图 3-6 所示。

4. 产业发展思路

(1) 周边信息产业的建设现状及对南通创业社区建设的影响

目前南通周边的上海、苏南、苏中和苏北在要素结构和产业演进阶段上存在较大差异，因此，在电子信息产业的发展形态和产业水平上呈现出一定的梯级分布。上海处于领先的第一梯队，苏南地区的南京、苏州、无锡和常州属于第二梯

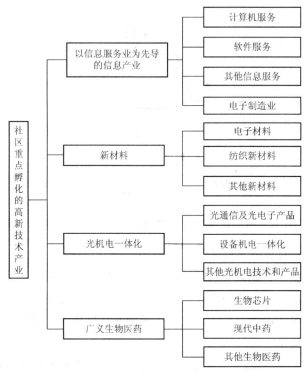

图 3-6　社区高新技术产业结构框架示意图

队,苏中、苏北分别处于第三和第四梯队。地区间的产业互补性增强了长三角地区电子信息产业的配套能力和协调发展能力。

策划小组通过对周边地区信息产业优势、信息产业发展重点的比较和分析,得出了各周边地区信息产业的发展对于南通创业社区发展信息产业的多方面影响:

① 上海信息产业对南通产生强大的辐射和引领作用,有望形成互补合作;

② 苏南地区在软件业以外的信息服务业上对南通的挤压效应相对较小;

③ 苏中地区特别是扬州将在信息服务业上对南通形成竞争态势;

④ 抓住机遇,充分发挥地缘优势,抢先辐射苏中、苏北地区;

⑤ 南通应该基于错位竞争和比较优势的原理,大力发展具有南通特色的以信息服务业为主体的信息产业。

(2) 产业发展的思路

1) 主导产业的发展思路

根据周边地区信息产业发展带来的影响、南通创业社区自身的资源禀赋、制约瓶颈等因素,策划小组针对南通创业社区发展以信息服务业为主体的特色信息产业提出以下思路：

① 开始阶段应重点针对南通及辐射区域内存在的现实需求和市场，发展相应较为低端的产品和业务；

② 随着创业社区内企业的发展壮大、技术人才的引入和增加、相关产业经验的累积，可以根据市场前沿和趋势，挖掘客户对信息服务业的潜在需求，发展相对较为高端的产品和服务，提高增加值比例；

③ 根据产业发展的需求分析，近、中期可开展企业计算机技术服务、软件服务、网络服务及相关设备的销售业务，政务办公网络服务与金融、交通等公共信息平台的建设，个人消费类电子产品的组装、销售与服务，针对国外、上海等优势地区的软件外包业务，与国防现代化有关的信息服务等。

2）其他重点关注产业的发展思路

① 立足传统优势、积极发展新材料产业；

② 研发先导、建设光机电一体化技术平台；

③ 寻求资源嫁接、培育生物医药产业的闪光点；

④ 主辅产业结合、实现渐进式深化发展。

小结

产业策划是项目开发建设的龙头，是决定项目运营成败的关键。如果产业定位失误，不仅会影响到后续项目的建设与运营，造成名存实亡的"空园"，甚至还会影响园区经济发展及区域经济发展，因此产业策划是园区开发建设的首要工作。本案例以科技创业园区为例，阐述了如何进行产业策划，包括产业环境分析、产业定位和产业发展策略等，尤其是产业的筛选和确定，可对类似项目提供借鉴。

3.1.3 项目决策策划—项目功能策划

案例背景

某软件园的项目概况同第 3.1.1 节案例。

通过环境调查及同类项目的经验分析（详见第 3.1.1 节）发现，要建设功能完善、布局合理的软件园，必须对人群和软件企业的功能需求进行详尽分析。因此，软件园的功能策划必须回答以下问题：

① 项目的总体定位是什么？

② 软件园的相关人群有哪些，他们有一些什么样的需求，这些需

求对项目功能有什么影响？

③ 软件企业有什么需求？这些需求对项目功能有什么影响？

④ 项目应具备哪些具体的功能？

⑤ 各功能的具体建设规模应为多大？

1. 项目功能策划的思路

本项目首先做了人群和软件企业功能需求分析，在此基础上得出六大功能需求，及其相应的六大功能分区，进而确定了各功能区的面积分配方案。在此基础上，最终构建了项目的定位。

2. 项目功能需求分析

作为项目定义的重要组成部分，策划小组对软件园进行了项目功能的策划，主要包括项目功能分析和面积分配，它们是项目定义的具体化，也就是在项目总体构思和定位的基础上，结合潜在最终用户的需求分析，对项目进行更深的研究，以满足建设和使用者的要求。在实际操作中，分别进行了人群功能需求分析和软件企业的功能需求分析。

（1）软件园人群的功能需求分析

软件园的活动主体是在软件园中生活和工作的人群，其人群需求的功能应是软件园主要提供的功能。首先将软件园的人群分为内部人员、外来人员、园区管理人员以及其他人员；其次将软件园区人群的需求分为工作需求和生活需求。人群需求分析如表3-6所示。

软件园人群需求分析表　　　　　　　表3-6

人群种类		工作需求								生活需求		
		办公	会议	其他						居住	餐饮	娱乐健身
				印刷装订出版等	洽谈交流等	培训测试报告等	展览展示等	公共支持(通信网络、图书等)	硬件生产			
内部人员	IT理论研究人员	√√	√√			√		√√√		√	√√	√√
	软件研发人员	√√√	√√	√√	√	√√	√√	√√√		√	√√√	√√
	商品软件代理人员	√√	√√	√	√√	√		√√			√√	√√
	硬件生产人员											

续表

人群种类		工作需求							生活需求		
		办公	会议	其他					居住	餐饮	娱乐健身
				印刷、装订、出版等	洽谈、交流等	培训、测试、报告等	展览、展示等	公共支持(通信网络、图书等)	硬件生产			
外来人员	洽谈业务人员		√√		√		√					
	参加培训人员					√√√	√	√		√	√	
	参展人员				√	√√	√√√				√	
	外部短期工作专家	√	√		√					√	√	
园区管理人员	园区业务管理人员	√√	√					√√√		√	√	
	园区物业管理人员	√						√√		√√	√√	√

注：√√√表示需求量较大；√√表示需求量一般；√表示需求量较少。

（2）软件企业的具体功能需求分析

1) IT 企业的功能需求分析

软件的研发和生产是 IT 企业的主要活动，软件园建设的目的就是为其提供一个相对集中的、环境良好的、创新氛围较浓的场所，以促进 IT 企业和软件产业的发展。那么对于 IT 企业本身来说，需要提供什么样的硬件设施和环境，才能满足企业活动的需求？这是软件园在开发建设时应该着重考虑的问题。

2) 非 IT 企业的功能需求分析

软件园中除 IT 企业之外的企业统称为非 IT 企业，他们包括软件园开发方组建的开发公司、园区的物业管理公司(通常开发建设和物业管理分离)、各种为软件园提供服务的第三产业的服务公司等，需要对他们的功能、需求进行分析。

（3）分析总结

对园区人群的功能需求和企业的功能需求进行分析以后，把这两者的功能需求进行归纳与整合，即可得到软件园的整体功能需求，共分为生产、生活、园区管理、公共服务、教育培训和环境六大功能需求。

3. 项目功能组成分析

对应于六大功能需求，项目可分为六大功能分区，再将功能分区进行细化，得到软件园功能组成如图 3-7 所示。

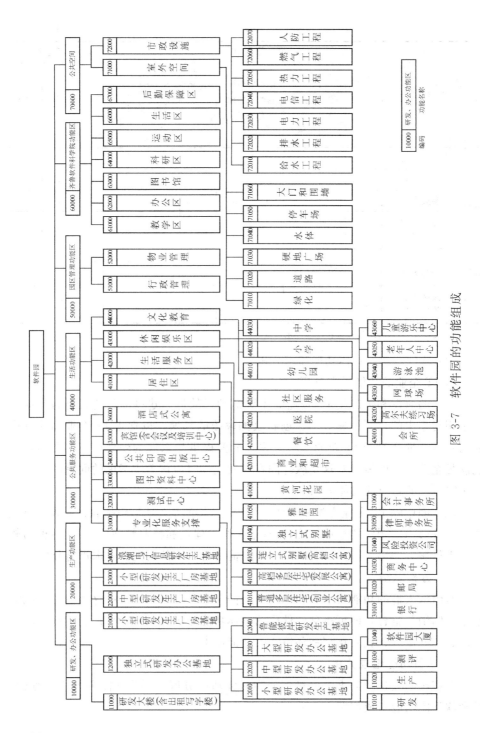

图 3-7 软件园的功能组成

4. 各功能区的面积分配

功能区的划分仅仅是对项目功能的定性分析，在此基础上，还需要进行各个功能区面积大小的分配，这是定量分析问题，需要运用一定的方法进行估算，从而得出面积分配比例和具体的面积分配数据。以独立式基地为例，项目包括50幢双拼类型的研发办公楼，每幢面积为$2\times1500m^2$；除此之外，还包括15幢$2\times5000m^2$双拼类型、10幢$15000m^2$和5幢$30000m^2$的独立式研发办公基地。该面积的确定要同企业规模、园区发展规模相适应。以此为基础，按照这种思路层层汇总，最后得出功能区建筑面积以及总建筑面积。估算后形成分别如表3-7和表3-8所示的面积分配参考方案总表和面积分配详细参考方案表。

面积分配参考方案总表　　　　　　　　　　表3-7

功能名称	总建筑面积246万m^2		总占地面积600万m^2	
	建筑面积(万m^2)	%	占地面积(万m^2)	%
1. 研发、办公	90	37	70	12
2. 生产厂房	30	12	40	7
3. 公共服务	5	2	2	
4. 生活	80	33	69	12
5. 园区管理	5	2	1	
6. 软件学院	35	14	80	13
7. 公共空间	1		338	56
合　计	246	100	600	100

面积分配详细参考方案表　　　　　　　　　　表3-8

功能名称	建筑面积(万m^2)	%	占地面积(万m^2)	%
1. 研发、办公	90	37	70	12
1.1 研发大楼(含出租写字楼)	30		10	
1.2 独立式基地	60		60	
$2\times1500m^2\times50$	15			
$2\times5000m^2\times15$	15			
$15000m^2\times10$	15			
$30000m^2\times5$	15			
2. 生产厂房	30	12	40	7
2.1 小型($2\times2000\times30$)	12			
2.2 中型($2\times5000\times8$)	8			
2.3 大型(15000×2)	3			
2.4 超大型(30000×3)	7			

续表

功能名称	建筑面积(万 m²)	%	占地面积(万 m²)	%
3. 公共服务	5	2	2	
3.1 专业化服务支撑	0.4			
3.2 测试中心	0.2			
3.3 图书资料中心	0.3			
3.4 公共印刷出版中心	0.1			
3.5 宾馆(含会议及培训中心)	2			
3.6 酒店式公寓	2			
4. 生活	80	33	69	12
4.1 居住	70		59	
新建	41		21	
雅居园	13.88		14.36	
黄河花园	15.09		23.74	
4.2 生活服务	2		5	
4.3 休闲娱乐	6		2	
4.4 文化教育	2		3	
5. 园区管理	5	2	1	
6. 软件学院	35	14	80	13
7. 公共空间	1		338×[(600−80)×65%]	56
合计	246	100	600	100

5. 项目定位

项目的主要功能直接决定项目的最终定位。根据软件园的功能分析，该项目的总体定位是：通过软件园的建设，以自身良好的资源、设施和环境，协同国内外软件产业界，为业界提供技术/产品研发、评测认证、产品项目孵化、出口企业成长培育、良好的行业环境等支持和服务，使本项目成为：山东省软件产业技术及产品研发的重要基地；创新技术、创新产品、创新人才集散枢纽；软件产品评测和质量认证服务中心；软件企业、资本、人才、技术、产品、项目、市场等资源交流及整合服务中心；国内外知名的软件出口基地。

小结

该软件园的项目功能比较明确和具体，人群和企业的特征性也较为明显，需求较易界定。因此，相应的功能分解也比较详细，这有利于进行规划设计的分析。本项目中，面积分配则采用了自下而上，总量控制的方法，更具操作性。但采用此方法进行面积分配时尚需注意建筑设计面积指标的利用，如人均办公面积指标等，使企业规模和建筑面积相契合，提高建筑面积的利用率。

3.1.4 项目决策策划—项目经济策划

案例背景

某总部园区计划采用一次规划、分期实施的方式来组织建设。根据建设程序,策划小组分别计算了一期投资估算和总投资估算。由于该项目的融资结构比较复杂,所以投资估算不包括房地产开发的间接费用(开发费用、销售费用、财务费用和税金)。按照总部园区科技企业总部基地的功能和建筑策划,提出两个融资策划方案并对其进行全面的财务评价,测算其财务收支平衡情况,进行不确定性分析和盈亏平衡分析等。

1. 项目总投资估算

(1) 估算建筑面积

工程总投资估算按照总部园区的功能分解,划分为总部办公区、公共服务区、生活服务区、园区管理和室外空间五部分。考虑到估算标准不同,酒店式公寓从生活服务区中划分出来,单独归为一类。室外空间分为两部分,一部分为室外空间其他设施,包括市政设施和体育小公园,以建筑面积计算;另一部分为非建筑用地,包括道路广场和绿化景观,以用地面积计算。总部园区总建筑面积共计 290000 m^2,其中一期建筑面积为 116000 m^2。详细的建筑面积估算如表 3-9 所示,室外空间非建筑用地面积如表 3-10 所示。

建筑面积估算表　　　　　　　　　　　　表 3-9

功能名称	总建筑面积(m^2)	占总建筑面积百分比(%)	一期建筑面积(m^2)
总部办公区	245000	84.5	80000
公共服务	10000	3.4	7000
生活服务区(不含公寓)	18000	6.2	12000
酒店式公寓	12000	4.2	12000
园区管理	1000	0.3	1000
室外空间其他设施	4000	1.4	4000
合　计	290000	100.0	116000

室外空间非建筑用地面积估算表　　　　　　　　表 3-10

名　称	用地面积(m^2)	占总用地面积百分比(%)	一期用地面积(m^2)
道路广场	45000	60	27000
绿化景观	180000	60	108000

(2) 投资分解结构

本项目投资分解结构总体上分为：土地费用、总部办公区投资、公共服务区投资、生活服务区(不含公寓)投资、酒店式公寓投资、园区管理区投资以及室外空间投资，共七个部分。除土地费用和室外空间投资外，其他五个部分投资由前期工程费、公建配套增容费、建安成本、工程不可预见费组成。室外空间投资包括道路广场投资、绿化景观投资和其他设施投资三个部分。投资分解结构的编码体系见图 3-8，编码赋值说明见表 3-11，总投资分解结构图见图 3-9，一期投资分解结构图见图 3-10。

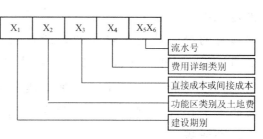

图 3-8　投资分解结构编码体系

投资分解结构编码赋值说明　　　　　表 3-11

	X_1	X_2	X_3	X_4	$X_5 X_6$
赋值含义	A：科技总部基地项目 B：一期工程	1：总部办公区 2：公共服务区 3：生活服务区(不含公寓) 4：酒店式公寓 5：园区管理 6：室外空间 7：土地费用	1：开发直接成本 2：开发间接成本	1：前期工程费 2：公建配套增容建设费 3：建安成本 4：工程不可预见费	流水号

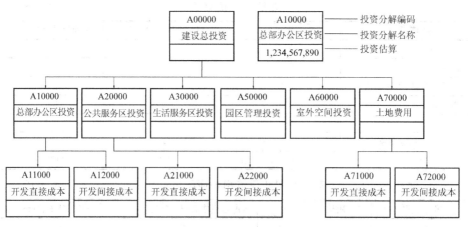

图 3-9　总投资分解结构示意图(元)

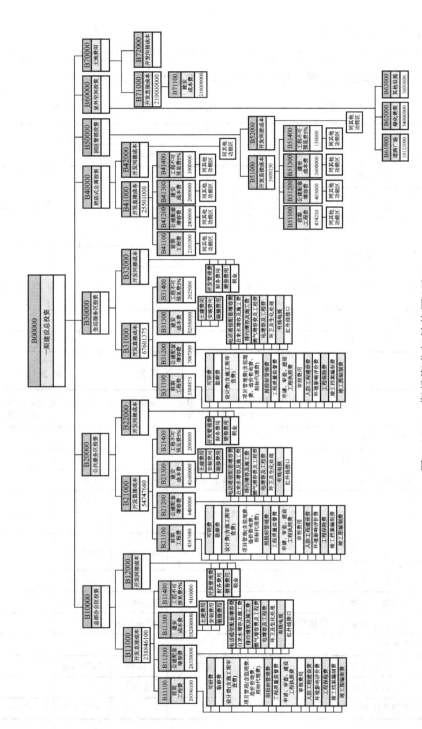

图 3-10 一期投资分解结构图（元）

（3）估算汇总和明细表

总投资估算汇总表见表 3-12，其中相应估算由相关明细表汇总得出，以 A10000 总部办公区投资为例，开发直接成本明细表见表 3-13。

总投资估算表（包括一期和二期）（元）　　　　　　　　　　表 3-12

序号	项　目	开发直接成本				土地费用	小计
		前期工程费	公建配套费	建安工程费	不可预见费		
A10000	总部办公区投资	61857925	99225000	563500000	28175000		752757925
A20000	公共服务区投资	2762300	4050000	26000000	1300000		0
A30000	生活服务区投资（不含公寓）	5535700	7290000	54000000	2700000		
A40000	酒店式公寓投资	3122500	3600000				
A50000	园区管理投资	276134	405000				
A60000	室外空间投资						
A70000	土地费用						
	小　　计	73554559					

总部办公区开发直接成本估算明细表　　　　　　表 3-13

序号	项目名称	费用合计（元）	估算费率	估算基数（m³ 或元）	合价（元）	单方造价（元/m²）
A11000	开发直接成本	752757925		245000		3072
A11100	前期工程费小计	61857925				252
A11101	可行性研究费		0.001	563500000	563500	
A11102	勘察费		3	245000	735000	
A11103	设计费（含施工图审查费）		0.03	563500000	16905000	
A11104	项目管理费（含监理费、造价咨询费、招标代理费）		0.03	563500000	16905000	
A11105	招投标管理费				445000	
A11106	工程质量监督费		0.0015	563500000	845250	
A11107	申请、审查建设工程执照费		0.005	563500000	2817500	
A11108	审照费用		0.05	2817500	140875	
A11109	人防工程建设费		60	245000	14700000	
A11110	环境影响评价费		2	245000	490000	
A11111	工程保险费		0.01	563500000	5635000	

续表

序号	项目名称	费用合计（元）	估算费率	估算基数（m² 或元）	合价（元）	单方造价（元/m²）
A11112	竣工档案编制费		0.0008	563500000	450800	
A11113	竣工图编制费		5	245000	1225000	
A11200	公建配套增容建设费	99225000				405
A11201	电话通信配套增容费		35	245000	8575000	
A11202	自来水增容及施工费		35	245000	8575000	
A11203	排污增容及施工费		25	245000	6125000	
A11204	燃气增容费及工程费		60	245000	14700000	
A11205	电增容及工程费		200	245000	49000000	
A11206	环卫及生化处理		20	245000	4900000	
A11207	有线电视		25	245000	6125000	
A11208	红外线接口		5	245000	1225000	
A11300	建安成本	563500000				2300
A11301	土建费用		1100	245000	269500000	
A11302	安装费用		700	245000	171500000	
A11303	装修费用		500	245000	122500000	
A11400	工程不可预见费5%	28175000	0.05	563500000	28175000	

2. 项目融资方案策划

（1）开发融资模式分析

通过对国内高新技术开发区、商务花园的开发融资模式的调查和分析，单个项目开发融资模式主要包括以下四种类型，如图3-11所示。

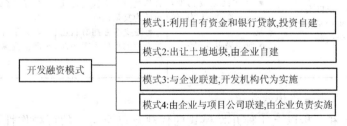

图 3-11 项目开发融资的四种类型

1) 模式1：区开发机构通过自有资金以及银行等金融机构贷款作为园区内项目的建设资金，进行园区内项目的设计和建设。

2）模式2：该种开发融资方式又可划分为两种方式：

① 由当地土地储备中心与入住企业签署项目合作协议，企业按照协议以有偿的方式获取协议地块的出让权，并根据园区规划设计及建设要求，进行该地块上建筑物的设计、建造以及获得完工后的使用权。

② 对于园区开发机构已取得使用权的土地，可由园区开发机构与入住企业签署项目合作协议，园区开发机构以有偿转让的方式将土地的使用权转让给企业。

3）模式3：由一家或若干家企业分别与园区开发机构就某个建设项目的全部或部分使用权签订联建协议书，协议书明确约定使用权的交付时间、涉及面积以及双方其他责任。

4）模式4：由企业和园区开发机构通过合伙制协议或组建项目公司的方式进行项目联合开发。园区开发机构以土地出资，企业承担其他部分开发资金，并由企业承担项目的设计和建造。

上述4种方式的优缺点比较如表3-14所示。

4种不同融资模式的优缺点比较　　　　表3-14

类型	方式1	方式2	方式3	方式4
优点	● 开发机构拥有产权、运营权； ● 对于项目实施过程能较强地予以控制； ● 开发机构具有较大的灵活性，可以根据自身资金条件调控租售比	● 开发机构可以减少资金压力； ● 缩减开发规模和项目实施建设管理幅度； ● 在特定条件下，还可获得部分短期收益	● 开发机构可以减少资金压力； ● 缩减开发规模； ● 在特定条件下，还可获得部分短期收益； ● 无需考虑项目建设后的运营问题	● 开发机构可以减少资金压力； ● 缩减开发规模； ● 在特定条件下，还可获得部分短期收益； ● 无需考虑项目建设后的运营问题
缺点	● 资金需求巨大； ● 开发机构承担财务费用及风险较高	● 在园区建设初期，几乎很难产生任何收益； ● 使用局限性很大	● 实际操作中，寻求合作企业及协议签订实施较为复杂； ● 需要甲方拥有自己强有力的项目管理团队作支持	● 寻求合作伙伴较为困难； ● 为了降低风险，必须严格挑选合作伙伴

（2）项目开发融资模式建议

综合比较和分析以上4种开发模式的优缺点以及实际的可操作性，模式1、模式2和模式3都可以考虑作为园区内项目开发融资方案，但需要根据整体融资结构来确定采用方式和使用项目范围。

模式1主要用于公共服务区、生活服务区、园区管理区、室外空间以及总部办公区部分办公设施的建设，这主要出于以下几方面考虑：

1）其中部分设施无法出售或通过其他渠道融资；

2）其中部分设施短期内缺乏商业价值，其潜在价值需要通过长期的运营来实现。同时，作为总部园区重要的服务内容，由开发机构负责其运营，有利于保证服务质量和适当的控制；

3）拥有部分办公设施，可以为新城公司提供长期稳定的收益。

模式2和模式3主要用于总部办公区部分办公设施的建设，这主要是为了满足企业不同需求，增强项目招租的灵活性和竞争力。

对于模式4，由于新城公司和联建企业难以获得其按约定获取面积的办公楼的有关权证，不太适宜在本项目中采用。

（3）项目开发融资方案及分析

根据项目的实际情况策划小组提出两种融资方案。

1）方案一

由开发公司作为总部园区开发主体，进行整个园区的开发。其中总部办公区项目开发采用模式1—自行开发和模式2—出让土地两种方式进行，其他区域开发采用自建方式进行。总部办公区总建筑面积245000m²；通过方式1开发的建筑面积210000m²，通过方式2开发的建筑面积35000m²，具体如表3-15所示。

总部办公区开发方案（方案一）　　　　表3-15

开发阶段	按绝对面积		按比例	
	一期	二期	一期	二期
自　建	65000	145000	81.25%	87.88%
土地出让	15000	20000	18.75%	12.12%
联建管理	0	0	0	0
合　计	80000	165000	100.00%	100.00%

项目总投资约12.3亿元人民币，其中自建项目投资估算约为11.2亿元人民币。自建项目开发资金来源如图3-12所示。其主要来源为自筹资金和借贷资金。自筹资金由开发公司自行解决，借贷资金由开发公司向国内商业银行及投资基金进行借贷。此外，还可以通过部分房产预售取得部分开发建设资金。2004年4月底，国务院下发通知规定：房地产开发项目资本金提高至35%及以上。因此，建议总部园区自建项目自筹资金数额要达到自建项目的总投资35%。园区自建项目融资计划如表3-16所示。

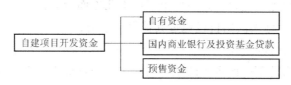

图 3-12 自建项目开发资金来源图(方案一)

自建项目融资计划表(方案一)　　　　　　　　表 3-16

序号	渠　　道	金额(万元人民币)	融 资 条 件
1	自有资金	39537	
1.1	新城公司投入	39537	新城公司投入100%
2	债务资金	73425	
2.1	国内银行及信托基金贷款	73425	贷款期限12.25年,其中宽限期2.25年,宽限期只付息不还本,还本期10年,2007年末提前还本1亿元,利息照付,2008年末提前还本2.5亿元,利息照付,其余9年内等额还本息,年利率6.34%

2) 方案二

建议由开发公司组建总部园区开发项目公司(下文简称项目公司),作为总部园区开发主体,负责总部园区的整个融资和建设,甚至后期的运营工作。其中总部办公区项目开发采用模式1—自行开发、模式2—出让土地和模式3—与企业联建,项目公司代建三种方式进行,其他区域开发采用自建方式进行。总部办公区总建筑面积 245000m²;通过模式 1 开发的建筑面积 165000m²,通过模式 2 开发的建筑面积 35000m²,通过模式 3 开发的建筑面积 45000m²,具体如表 3-17 所示。

总部办公区开发方案(方案二)　　　　　　　　表 3-17

开发阶段	按绝对面积		按 比 例	
	一期	二期	一期	二期
自　　建	50000	115000	62.50%	69.70%
土地出让	15000	20000	18.75%	12.12%
联建管理	15000	30000	18.75%	18.18%
合　　计	80000	165000	100.00%	100.00%

项目总投资约 12.3 亿元人民币,其中自建项目投资估算约为 9.9 亿元人民币。自建项目开发资金来源如图 3-13 所示。其主要来源为自筹资金和借贷资金。

自筹资金由业主自行解决,借贷资金由开发公司向国内商业银行及投资基金进行借贷。此外,还可以通过部分房产预售取得部分开发建设资金。方案二融资计划如表3-18所示。

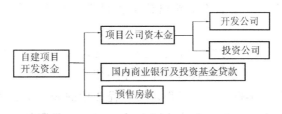

图 3-13　自建项目开发资金来源图(方案二)

融资计划表(方案二)　　　　　　　　表 3-18

序号	渠　　道	金额(万元人民币)	融资条件
1	资本金	34698	
1.1	新城公司股本投资	34698	注册资本的100%
2	债务资金	64438	
2.1	国内银行贷款	64438	贷款期限12.25年,其中宽限期2.25年,宽限期只付息不还本,还本期10年,2007年末提前还本1亿元,利息照付,2008年末提前还本2.5亿元,利息照付,其余9年内等额还本息,年利率6.34%

3. 财务评价

(1) 财务评价范围

以上提出的两个方案中,整个园区 A 地块总建筑面积都约为 $294000m^2$,初步预计总投资(包括土地出让金)约为 12.4 亿元人民币。对两个方案进行全面的财务评价,测算其财务收支平衡情况、进行不确定性分析和盈亏平衡分析等。

(2) 财务评价基础数据与参数选取

1) 计算期

该项目财务评价的计算期为 16.25 年,其中,建设期为 2.25 年,经营期为 14 年,从 2006 年初开始计算,至 2021 年末结束。

2) 财务基准贴现率

财务基准收益率根据该项目的资本成本而定。该项目的银行长期贷款利率为

6.34%。根据与业主方沟通初步意向及项目具体情况，初步确定全部投资税后基准收益率为8%。

3）分年投资与资金筹措计划

对于自建项目，其各年的土地出让金支付和建设资金投入按照如下原则计算：

整个园区土地一次性购买，出让金分两期支付；第一年支付60%，第二年支付40%。一期工程建设资金投入如下：第一年投入一期工程前期费及建安工程费用的20%，第二年投入一期工程建安工程费用的80%；二期工程建设资金投入如下：第一年投入二期工程的前期费及建安工程费用的30%，第二年投入二期工程建安工程费用的70%。

4）资产折旧、摊销年限及残值率

本项目中，建筑物的折旧年限为30年，残值率为10%，包括总部办公区的出租办公楼、生活服务区的出租商业设施、公共服务区建筑和园区管理区建筑；对于室外空间中的建筑物折旧年限为30年，残值率为5%。

5）出租及销售情况预测

预计一期在2006、2007、2008年各年销售量占可销售总量的30%、50%、20%，出租率在2007年为50%，2008年为75%，以后各年均为90%。

(3) 项目收入预测

1) 销售收入

方案一

其中，总部办公区的办公楼平均售价约4500元/m^2，总共可用于出售面积约为153500m^2；分两期出售，一期52000m^2，二期101500m^2；生活服务区的商业设施平均售价约在6000元/m^2，总共可用于出售面积约为4800m^2，全部均为第一期建成部分出售，第二期不考虑出售，每期销售期均为2.5年。

方案二

其中，总部办公区的办公楼平均售价约在4500元/m^2，总共可用于出售面积约为108496m^2；分两期出售，一期37000m^2，二期71496m^2。生活服务区的商业设施平均售价约在6000元/m^2，总共可用于出售面积约为4800m^2，全部均为第一期建成部分出售，第二期不考虑出售，每期销售期均为2.5年。

2) 出租收入

其中，总部办公区的办公楼平均租金约在0.8元/m^2，总共可用于出租面积约为56500m^2；分两期招租，一期13000m^2，二期43500m^2。生活服务区的商业设施平均租金约在 6000 元/m², 总共可用于出租面积约为 25200m², 分两期招租, 一期 19200m², 二期 6000m²。

3) 代建管理费用(略)

4) 土地出让收入(略)

5) 公共服务区运营收入(略)

6) 物业管理收入(略)

(4) 项目支出预测

该项目成本费用除建设投资以外, 还包括以下项目。

1) 销售费用

销售费用按照销售收入的 4% 计提。

2) 公共服务区管理成本

按照其收入的 30% 计提。

3) 房屋租赁管理费用及房地产税

按照租金收入的 4% 计提租赁管理费用, 12% 计提房地产税。

4) 代建管理成本

按照代建取费的 30% 计提。

5) 物业管理成本

按照物业管理收费的 60% 计提。

(5) 主要财务指标分析

根据前面所述基础数据的分析, 两个方案的主要财务指标, 包括全部投资税前收益率、全部投资税后收益率、税前资本金收益率、税后资本金收益率、税前投资回收期和税后投资回收期, 经过计算, 其结果列表如表 3-19 所示。

两个方案的主要财务指标比较　　　　表 3-19

财务评价指标	方 案 一	方 案 二
全部投资内部收益率(税前)	7.63%	7.89%
全部投资内部收益率(税后)	6.02%	6.07%
资本金收益率(税前)	7.49%	7.87%
资本金收益率(税后)	4.63%	5.00%
投资回收期(税前)	10.93 年	10.95 年
投资回收期(税后)	12.40 年	12.65 年

(6) 项目敏感性分析

敏感性分析预测主要因素发生变化时,对项目财务评价指标的影响。影响该项目财务评价指标的主要因素有:办公楼售价、办公楼租金和土建投资。下面分别对两个方案的办公楼售价、办公楼租金和建设投资进行分析,如图 3-14 和图 3-15 所示。

1) 方案一的敏感性分析

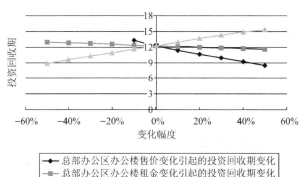

图 3-14 投资回收期(税后)敏感性分析图(方案一)

2) 方案二的敏感性分析

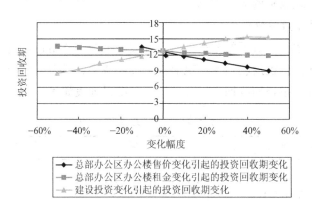

3-15 投资回收期(税后)敏感性分析图(方案二)

从图 3-14 和图 3-15 可见,方案一中的投资回收期受办公楼销售价格影响较大,必须予以关注,这主要是由于园区主要收入来源于办公楼销售。同时建设投资也必须予以相当关注,进行良好的控制。方案二中,建设投资对于投资回收期影响更为显著，超过了销售价格影响，所以若采用第二种方案，对项目投资必须予以更严格的控制。

(7) 财务评价结论

通过财务测算，该项目两个方案全部投资的税后内部收益率分别为 6.02%、6.07%，分别在 10.93 年、10.95 年内收回全部投资；项目税后资本金收益率分别为 4.64%、5.00%，资本金分别在 14.43 年、13.80 年内收回。方案一和方案二各项财务指标均基本满足业主要求，项目可行。

但从财务风险和项目建设管理角度考虑，方案二更有利。

小结

项目经济评估是对建设方案进行的技术经济分析与比较论证，并对项目建成后的经济效益进行预测和评价，以从经济上论证建设的可行性，并为确定是否投资和如何投资提供重要参考意见。项目经济评估包括财务评价和国民经济评价。项目经济评估主要是进行财务评价，财务评价必须建立在对项目财务基础数据的估算之上。本案例从投资估算和不同方案的财务评价两方面分析了该项目如何选择项目的投融资模式。但进行经济可行性分析时，需要对数据来源进行确认，以使数据准确、可靠，估算合理，并且有可验证性。

3.1.5 项目实施策划

案例一　上海世博村项目实施策划

案例背景

上海世博村项目作为上海 2010 年世博会唯一建造的生活和配套工程，其主要功能是在上海世博会期间为参展国工作人员和参展旅客提供住宿和其他生活娱乐配套服务。项目位于世博会场地浦东区 G 地块，基地范围东至浦东南路、上海世博村路，西至白莲泾，南至规划沂林路（不包括行政中心用地及规划保留用地），北至规划浦明路。项目占地面积约 30.17 万 m^2，总建筑面积约 54.5 万 m^2，共分为五大区域：VIP 区、一区、二区、三区和综合配套区，如图 3-16 所示。在项目实施之前，进行了详细的项目实施策划，用于指导上海世博村项目的建设管理。

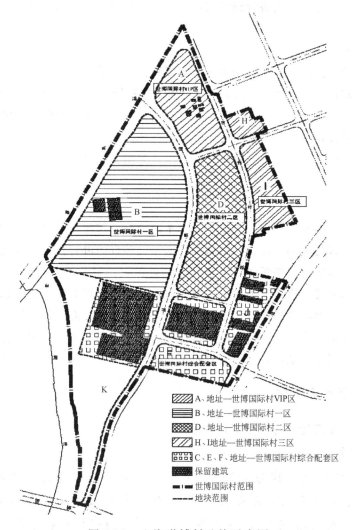

图 3-16 上海世博村地块示意图

1. 项目实施阶段基本数据(略)
2. 项目实施的目标分析和再论证

(1) 进度目标策划：

项目总进度目标是 2007 年 2 月 8 日正式开工，2009 年下半年投入试运营。

为了实现项目进度目标，项目管理单位编制了各地块总体计划进度图和项目里程碑事件进度目标、项目建设过程的关键节点进度目标，用于指导项目进度目标的顺利实现(略)。

(2) 质量目标策划:

1) A 地块 VIP 生活楼的整体工程和分部工程均达到一次验收合格率 100%,并确保获得上海市优质结构奖、白玉兰奖,争创鲁班奖。

2) B 地块一标段的整体工程和分部工程均达到一次验收合格率 100%,确保该标段内至少 5 幢单体建筑获上海市优质结构奖、至少 1 幢单体建筑获白玉兰奖;二标段的整体工程和分部工程均达到一次验收合格率 100%,并确保该标段内至少 2 幢单体建筑获上海市优质结构奖,至少 1 幢单体建筑获白玉兰奖。

3) D 地块的整体工程和分部工程均达到一次验收合格率 100%,3 幢单体确保获得上海市优质结构奖,1 幢单体确保获得白玉兰奖。

4) E 地块的整体工程和分部工程均达到一次验收合格率 100%,并获得上海市优质结构奖,争创白玉兰奖。

5) 其他地块的整体工程和分部工程达到一次验收合格率 100%。

(3) 投资目标策划:

按勤俭办博的要求,将投资控制在批准的概算数和项目主持方确定的投资额度范围内。

(4) EHS(环境、健康、安全文明)目标策划:

确保无重大伤亡事故,整体工程争创市级文明工地。

3. 项目组织策划

(1) 组织结构策划

上海世博村主要项目参与方包括业主方、项目管理方、勘察设计方、设计咨询方、酒店咨询方、招标代理方、投资监理方、施工监理方、施工总承包方、专业分包方、设备材料供应方等。上海世博村项目管理组织结构如图 3-17 所示。

项目管理单位组建世博村场馆与配套项目团队,下设设计前期组、成本合约组、综合保障组、商务运营组、材料采购组、世博村项目部,其中世博村项目部下设设计管理组与工程配套组。各组在其他支撑单位的协助下,专项具体负责世博村工程建设方面的相关事务。由业主方领导担任该团队指挥长,由场馆建设部领导任副指挥长,各组负责人任项目团队成员。

在该组织结构下,各参与方又各自设立了内部的组织结构。项目管理方内部班子组织结构如图 3-18 所示。该组织结构有以下特点:

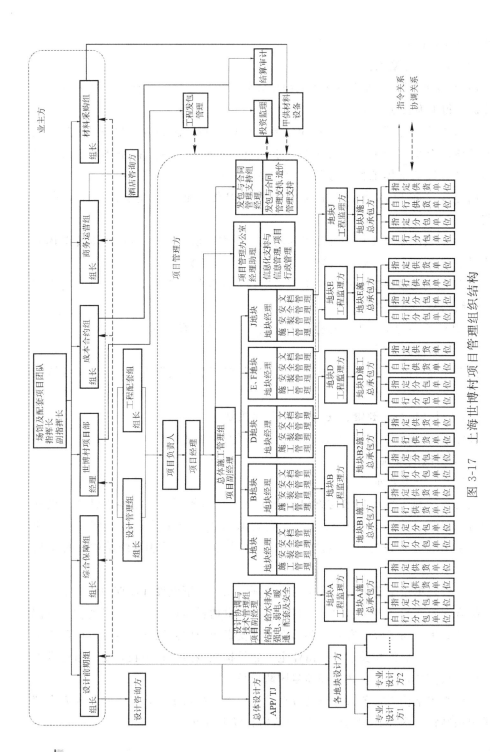

图 3-17 上海世博村项目管理组织结构

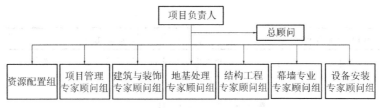

图 3-18 项目管理方内部班子组织结构图

1) 项目负责人主要提供点式服务和外部支持，负责与业主宏观层面的工作协调，调配公司资源，联络公司支持小组对重大技术问题提供技术支撑，保证项目顺利实施；

2) 项目经理下设三个副经理，一个分管技术，担任设计协调和技术管理部、配套支持部负责人，一个分管施工，负责施工管理部，一个分管合同造价，担任造价与合同管理部、发包与采购支持部负责人；

3) 项目经理下设一名经理助理，主要工作是协助项目经理进行项目管理部内部日常管理工作和对外协调工作；

4) 设计协调与技术管理部设专业工程师 6 名，由具有丰富类似项目经验的工程师担任。主要负责施工准备阶段设计协调工作，施工阶段与施工管理部共同负责处理设计变更等与设计有关的问题以及提供施工技术支撑；

5) 配套支持部 2 人，主要工作是协助业主办理施工阶段需要办理的各类工程手续以及与政府部门的工作协调；

6) 施工管理部 7 人，负责组织协调总包单位、工程监理单位做好项目的质量控制、进度控制以及安全文明管理等工作；

7) 造价与合同管理部 3 人，负责组织协调投资监理、审计审价单位共同做好工程投资控制和合同管理工作；

8) 发包与采购支持部负责协助业主进行招投标与采购管理。

9) 经理助理领导 3 个人工作，3 个人分别负责文秘、专业软件支持和项目部后勤保障工作。

(2) 工作任务分工

上海世博村主要项目参与方和人员工作任务分工表 表 3-20

单位	部门和主要人员	主 要 工 作
业主方	场馆及配套项目团队 指挥长 副指挥长	指挥长：全面负责项目团队工作。 副指挥长：协助指挥长工作

续表

单位	部门和主要人员	主要工作
业主方	世博村项目部 经理 设计管理组： 组长 组员 工程配套组： 组长 组员	经理全面负责世博村项目有关筹建、建设、运营管理等相关决策、组织、管理工作，包括各小组间的工作协调。 设计管理组的主要工作包括： ■ 参与方案设计、扩初设计工作。 ■ 负责施工图设计的组织、审图、会审工作。 ■ 负责专项设计深化工作。 ■ 协助前期小组进行施工图报批、规划许可证申领工作。 ■ 解决施工阶段设计问题。 工程配套组的主要工作包括： ■ 负责各工程项目施工阶段工程与配套的组织与管理。 ■ 负责项目管理方、施工监理方、施工单位(包括施工总承包方、专业分包施工单位、配套工程施工单位)的招标、评标和定标工作。 ■ 负责工程报监、施工许可证的办理及工程配套的申请。 ■ 负责工程开工前的施工准备工作。 ■ 负责施工阶段的管理，确保工程进度按计划进行。 ■ 负责施工阶段的质量管理，严格把好工程的质量关。 ■ 负责工程的现场安全文明生产的监督和协调；负责施工现场参建各方的组织与协调，包括组织各类现场办公及专题会议。 ■ 负责质检、安检等政府相关职能部门协调工作。 ■ 负责组织工程竣工验收
	设计前期组 组长	包括设计小组和前期小组，其中 设计小组的主要工作包括： ■ 负责组织项目的方案设计、扩初设计(包括专项设计)。 ■ 负责节能、保温、新技术应用方案设计的组织落实工作。 ■ 负责绿化、景观、总体、交通、保安、机电等专项设计方案的落实工作。 ■ 负责项目规划变更及重要设计变更工作。 ■ 协助前期小组进行扩初方案的审批工作。 ■ 移交项目部进行施工图的设计
	设计前期组	前期小组的主要工作包括： ■ 负责工程报建、报批工作。 ■ 负责建设用地批文等土地手续的办理工作。 ■ 负责设计方案征询、扩初审批、施工图审批，包括用地许可、规划许可和水、电、煤、通信、消防、抗震、环保、交通、卫生等各专业征询、审批等各类前期手续办理。 ■ 负责完成有关路名、地名的报审手续，配合项目部做好门、弄牌的申请工作。 配合设计小组进行有关方案的完善和专项深化，协助召开有关沟通协调会、调研会、评审会等会议
	成本合约组 组长	■ 负责成本预算、资金使用计划的编制工作。 ■ 负责投资监理的选择和成本控制。 ■ 负责合同管理和付款审核、资金支付等

续表

单位	部门和主要人员	主要工作
业主方	材料采购组 组长	■ 负责编制甲供材料设备的采购计划。 ■ 负责甲供材料设备的采购及其协调管理工作。 ■ 负责甲定乙供材料设备合格供应商遴选等信息收集工作。 ■ 会同项目部组织甲供材料设备的安装、调试、验收等管理工作
	综合保障组 组长	■ 负责日常行政、公文、会议、活动筹办、组织工作。 ■ 负责督办工程建设计划落实。 ■ 负责协调各项目部之间的工作
	商务运行组 组长	■ 负责项目投资过程中的投资策划工作。 ■ 负责商务运作和资产运营管理的企划工作。 ■ 负责酒店管理工作等运营商与项目设计团队的沟通协调工作。 ■ 根据项目团队建设进度的招商工作。 ■ 根据业态布局和商业定位进行运营商的遴选工作。 ■ 根据项目团队的建设需要提供相关专业支撑工作。 ■ 配合项目团队建设提供及时的相关专业咨询工作。 ■ 负责各项目商务运营所需的各类证照批文的办理工作
项目管理方	项目负责人	全面负责项目管理方完成和履行项目管理总承包合同中约定的有关项目管理方应尽的义务和职责
	项目经理	■ 负责按项目管理合同要求安排项目管理班子工作的顺利开展。 ■ 负责项目管理班子成员和各单位、部门的工作界面对接。 ■ 负责项目管理方与业主有关部门及项目有关单位的工作组织、管理和协调。 ■ 负责项目管理工作计划的制定和实施。 ■ 负责现场项目管理班子工作的管理。 ■ 负责完成或安排完成业主委托项目管理方的工作
	设计协调与技术管理组 项目副经理兼负责人 成员：（结　构） 　　　（给水排水） 　　　（强　电） 　　　（弱　电） 　　　（暖　通） 　　　（配　套） 　　　（安　全）	■ 协助业主方世博村项目部完成项目各设计阶段工作的协调和审核工作。 ■ 在项目经理的领导下，接受业主方的委托和各有关单位进行工作协调和沟通。 ■ 参与项目方案设计、初步设计和施工图设计的各专业评审工作，并提供咨询和审核意见。 ■ 组织各阶段的设计交底会议，并提交合理化建议。 ■ 按工程施工进度，协调设计图纸交底进度和设计变更。 ■ 负责现场施工和设计、采购的相关协调和支持工作
	施工管理组 项目副经理兼总负责人 地块经理： （A地块） （B地块） （D地块） （E、F地块） （J地块）	总负责人： ■ 负责世博村现场施工的管理、组织与协调。 ■ 负责施工管理部工作计划、安排和实施。 ■ 负责各地块经理工作的协调和考核。 各地块经理： ■ 负责各地块的施工质量、进度、安全文明和市政配套的管理和协调。 ■ 参加各地块的工程例会，了解施工情况，组织和检查各地块施工进展，定期向本项目部和世博村项目小组汇报。 ■ 组织各地块的项目管理方召开会议。 ■ 完成施工管理部负责人和业主委托的其他地块现场管理工作

续表

单位	部门和主要人员	主 要 工 作
项目管理方	项目管理办公室 负责人 成员	■ 协助项目经理各种日常工作。 ■ 为项目管理方人员提供信息化支持。 ■ 建立项目文档信息管理制度，对项目文档信息管理编码和管理，并和业主方管理对接汇总各地块周、月计划和各种报告的编制。 ■ 为项目管理方人员提供办公和生活支持
	发包与合同管理支持组 负责人 成员	■ 协助世博村项目部工程配套组进行项目各种发包和合同管理。 ■ 负责完成世博村项目部工程配套组委托的发包和管理支持的各项工作。 ■ 对项目各主要设备的选择和采购，提供咨询和支持。 ■ 协助世博村项目部工程配套组审核项目各种投资管理指标，提出合理化建议。 ■ 根据世博村项目部工程配套组的委托，与投资监理和设计方沟通协调，为项目投资概、预算和结算各阶段造价工作提供支持
项目管理方	上海某智能化项目管理公司	■ 负责世博村弱电智能化工程的项目管理
总体设计方	某设计公司	■ 负责项目的总体设计方案。 ■ 负责各地块施工图设计方的整体协调工作
各地块设计方	某设计公司（A地块） 某设计公司（B地块） 某设计公司（D地块） 某设计公司（E地块） 某设计公司（J地块）	■ 负责各地块的方案、扩初和施工图设计工作。 ■ 负责各地块的各项专业设计协调，并协助招投标和甲供材料采购工作。 ■ 负责设计交底和现场施工的设计支持工作
设计咨询方	上海某建筑工程咨询有限公司（PFT）（幕墙） 上海某设计院（弱电及智能化） 香港某咨询有限公司（机电） 香港某工程有限公司（厨房）	■ 协助设计前期组共同做好设计阶段工作。 ■ 参加方案设计、扩初设计、施工图设计的审图、会审、评审工作，并提出合理化建议。 ■ 协助设计前期组做好设计管理工作，包括设计阶段的"三控、两管、一协调"工作。 ■ 协助进行优化方案设计，提出节省投资合理化意见。 ■ 参加施工图技术交底，协助审批施工阶段出现的设计变更和协助设计问题的解决。 ■ 对其咨询专业的施工质量提出改进意见。 ■ 完成设计前期组委托的各项工作
酒店咨询方	香港某酒店有限公司 某酒店集团	■ 负责编制酒店建设建议书，提出酒店设计标准和具体要求。 ■ 参与设计阶段方案设计、扩初设计的审图、会审、评审，向设计方提出酒店设计过程中应注意的问题。 ■ 编制世博村酒店运营管理建议书，向运营与管理组提出合理化建议。 ■ 协助运营与管理组选择酒店管理单位。 ■ 做好开业统筹咨询服务，协助商务运营组审核酒店管理公司的采购合理性，控制酒店群和公寓群的开业进度。 ■ 对酒店装修样板房及施工质量检查提出改进意见。 ■ 完成商务运营组委托的各项工作

续表

单位	部门和主要人员	主要工作
结算审计方		审核项目竣工决算
招标代理方	土建招标代理方：上海某投资监理有限公司 甲供设备招标代理方：上海某招标有限公司（电梯） 上海某机电设备招标有限公司（锅炉、冷水机组、柴油发电机）	根据合同负责组织世博村项目各地块的所有招标工作。具体包括： ■ 编制各招标书，评标标准。 ■ 组织各标的的开标、评标和最后发出中标通知等工作和会议。 ■ 完成世博村项目部委托的各项工作
投资监理方	某监理公司（A地块） 某监理公司（B地块） 某监理公司（D地块） 某监理公司（E地块） 某监理公司（J地块）	■ 负责工程建设全过程成本控制工作。 ■ 协助成本合约组编制项目的投资匡算、投资估算、概算和预算，经批准后，控制执行并定期编制投资控制的执行报告。 ■ 负责对工程建设过程中发生的各类费用进行付款审核。 ■ 协助成本合约组做好工程投资控制工作，履行询价、报价、核价过程中有关工作。 ■ 负责编制项目资金使用计划。 ■ 完成成本合约组委托的各项工作
施工监理方	A地块总监 B地块总监 D地块总监 E地块总监 J地块总监	■ 在项目管理方的统一组织和管理下，按《建设工程监理规范》和《监理合同》规定进行施工阶段的工程监理。 ■ 对施工过程的进度、质量、投资、现场安全文明进行监督和管理。 ■ 主持现场工作例会和相关专题会议。 ■ 审核施工单位提交的资料，定期向业主通报施工情况，上报监理月报。 ■ 收集、整理、审核和移交施工资料。 ■ 参加项目竣工验收前，对竣工验收资料及实物全面检查，签署工程竣工报验单，提出质量评估报告。 ■ 签署工程监理工作总结
施工总承包方	各地块负责人 A地块项目经理 B1地块项目经理 B2地块项目经理 D地块项目经理 E地块项目经理 J地块项目经理	■ 在项目管理方的统一组织和管理下开展工程施工。 ■ 负责编制所中标标段的施工组织设计，并交施工监理审核，根据意见调整。 ■ 负责按规范和图纸进行自身负责部分工程的施工。 ■ 负责组织对经业主批准可分包的工程的招标工作。 ■ 负责妥善保管和使用甲供材料设备。 ■ 负责采购、保管和使用甲供乙供材料设备和乙供材料设备。 ■ 负责制定各季、月、周度工作计划并按计划施工。 ■ 负责对各种工程变更及时提交工程变更申请交业主和项目管理方、施工监理和投资监理审核。 ■ 负责编制各阶段的工程结算资料并提交业主和投资监理审核。 ■ 负责所承包标段的各分包单位的施工管理和协调。 ■ 负责所承包标段的现场安全文明施工管理工作。 ■ 负责收集、整理、移交施工资料。 ■ 按所签订的合同履行其他应由总承包（管理）单位义务。 ■ 完成世博村项目部委托的其他工作

表 3-21 上海世博村第一阶段管理职能分工表（方案一）

序号	工作任务	建设领导小组	各区指挥长、分指挥副指挥	指挥部指挥办公室	总经理	副总经理1	副总经理2	办公室	技术审查咨询专家顾问委员会	总工程师	总经济师	工程综合部	财务部	计划部	物业开发部	设备部	运营部	前期工程项目管理组	各标段土建工程项目管理组	车辆及车辆段项目管理组	各分系统机电设备工程项目管理组
1	建立组织机构	DC	I	PI																	
2	人事安排	F	DC		DI																
3	人事管理				DC			P													
4	行政管理				DC			PI													
5	党务工作				DC			PI													
6	外事工作				DC			PI													
7	资金保障	CF	D		P					H											
8	财务管理				DC								PI	I							
9	审计				DC								I	PI							
10	物业开发				DC										PI						
11	科研管理					DC1	DC2		P		P	I									
12	档案管理				DC								PI		PI						
13	重大技术审查决策	F	F		DC				P		P		H	H	H	PI	H				

表 3-22 世博村第一阶段管理职能分工表（方案二）

序号	工作任务	建设领导小组	指挥长、副指挥长	各区分指挥	指挥部办公室	总经理	副总经理1	副总经理2	副总经理3	办公室	技术审查咨询委员会	专家顾问组	总工程师	总经济师	总会计师	三师办公室	工程部	设备与物资部	财务部	计划部	综合部	运营部	物业开发部	前期工程项目管理组	各标段土建工程项目管理组	车辆及车辆段项目管理组	机电设备工程项目管理组	车辆项目管理组	控制中心项目管理组
1	建立组织机构	DC	I		PI																								
2	人事安排	F	DC																										
3	人事管理					DI		DC		P																			
4	行政管理							DC		PI																			
5	党务工作					DC				PI																			
6	外事工作							DC		PI																			
7	资金保障	CF	D			P								H	PI					PI									
8	财务管理					DC													I	PI									
9	审计					DC					P	P			I				PI										
10	物业开发					DC			DC														PI						
11	科研管理					DC					P	P					H												
12	档案管理		F			DC										PI	H	H		H	PI	H							
13	重大技术审查决策	F	F			DC					P	P	P				I	H			H									
14	技术标准管理		F			DC							F			I	I			H									

3 案例资料 141

(3) 管理职能分工

上海世博村第一阶段管理职能分工制定了两个方案,分别如表 3-21 及表 3-22 所示。

(4) 工作流程策划(略)

4. 项目目标控制策划

(1) 项目主持方项目前期管理

项目主持方项目前期管理主要工作内容如表 3-23 所示。

项目主持方项目前期管理主要工作内容　　　　表 3-23

序号	工 作 内 容	负 责 部 门
1	项目建议书(立项)报批	设计前期组
2	项目报建	设计前期组
3	可行性研究报告编制及批复	设计前期组
4	方案设计报批	设计前期组
5	办理建设用地规划许可证	设计前期组
6	扩初设计批复	设计前期组
7	申请建设用地批准书	设计前期组
8	建设项目配套建设申请	设计前期组
9	施工图设计审查	设计前期组
10	办理工程规划许可证	设计前期组
11	办理工程施工许可证	工程配套组

(2) 项目主持方设计管理

1) 设计单位的选择和合同管理

设计单位的选定可以采取设计招标及设计方案竞赛等方式。设计招标的目的和作用主要是为了优选,保证工程设计质量,降低设计费用,缩短设计周期。而设计方案竞赛的主要目的是用来获得理想的设计方案,同时也有助于选择理想的设计单位,从而为以后的工程设计打下良好的基础。当设计单位选定以后,建设单位和设计单位就设计费用及委托设计合同中的一些细节进行谈判、磋商,双方取得一致意见后,就签订建设工程设计合同。并在设计合同的实施阶段进行合同管理。

2) 设计进度的管理

① 设计进度控制的主要任务是出图控制,也就是通过采取一些有效措施使工程设计者如期完成方案设计、初步(基础)设计、施工图设计等各阶段的设计工作,并提交相应的设计图纸和说明。

②设计管理人员应和合同管理人员一道按照合同要求对设计单位的工作进度进行严格的控制。

③在设计合同中明确表示出以项目设计阶段的可交付成果(里程碑)作为支付设计费用的必要要求。以对设计单位的工作进度进行严格的控制。

④审核设计方提出的详细的设计进度计划和出图计划,并控制其执行,避免发生因设计单位推迟进度而造成施工单位要求索赔。

⑤协调室内外装修设计、其他专业设备设计与主设计的关系,使专业设计进度能满足施工进度的要求。

3)设计阶段的质量管理

①确定项目质量的要求和标准,编制详细的设计要求文件,作为方案设计优化任务书的一部分。

②设计单位完成各阶段的可交付成果(设计成果)后,设计管理单位应组织相关单位对可交付成果进行审查,发现问题,及时向设计单位提出。

③审核各设计阶段的图纸、技术说明和计算书等设计文件是否符合国家有关设计规范、有关设计质量要求和标准,并根据需要提出修改意见,确保设计质量获得市有关部门审查通过。

④为确保设计质量,聘请社会上知名的专业顾问单位作为世博村工程设计的咨询单位,使设计质量满足使用功能要求。

4)设计阶段对投资的管理与控制

①在可行性研究的基础上,进行项目总投资目标的分析、论证;

②编制项目总投资切块、分解规划,并在设计过程中控制其执行;应严格按批准的初步设计开展施工图设计和进行限额设计;在设计过程中若有必要,及时调整总投资切块、分解规划的建议;

③根据方案设计、扩初设计和施工图设计,审核项目总估算、总概算、施工图预算,并基于优化方案对估算、概算和预算做出调整;

④进行投资计划值和实际值的动态跟踪比较,并提交各种投资控制报表和报告;

⑤对设计变更进行技术经济比较,严格控制设计变更。对非发生不可的变更,则设计变更发生越早越好。变更发生得越早,则损失越小,反之就越大。

(3)招投标与采购管理

1)对项目的标段进行合理的划分,各个标段根据总进度计划及时对监理、总承包、分包等单位进行招标。发布招标信息,编制招标文件和合同文件,进行资格预审,处理招标阶段的各种事务,组织评标,编写评标报告,选择合适的承包商。

2）根据项目总体计划和总进度计划，确定物资采购方式、物资采购清单和物资所需时间，制定具体的采购计划和流程。对采购市场的厂家价格信息进行了解，进行采购合同谈判，并在采购过程中对合同执行情况进行动态跟踪管理，及时处理出现的合同纠纷。

3）支付各阶段的采购款。

（4）项目主持方施工管理

1）进度控制：

审核承包商的施工方案和施工进度计划，督促监理单位对施工进度进行严格控制管理。让施工单位定期递交施工进度报告，和计划进度做比较，如果项目进度迟缓，及时采取相应措施，以实现对项目进度进行动态控制。

2）质量控制：

审核承包商质量保证体系，在施工过程中通过监理单位严格执行项目的质量目标和相应的保证文件。定期进行工程质量检查，出现问题及时召开会议研究、讨论并进行处理。加强对隐蔽工程的验收。

3）投资控制：

做好施工图预算审核，将投资进行切块分解控制，对施工过程中出现的设计变更和工程量变更进行审核，及时做出决策和处理。处理费用索赔要求，审查、支付进度款。

4）安全文明施工管理：

制定并实施安全文明施工管理手册，制订相关管理制度和办法，做好安全文明施工的宣传工作。定期检查安全文明施工情况，对于违反规定的做法，要制定相应的教育和处罚措施，并落实实施。

（5）竣工验收及试运营准备管理

1）竣工验收分为工程验收和使用验收两部分。工程竣工验收主要针对工程的施工质量，使用验收主要是酒店咨询和酒店管理单位对酒店工程的使用功能是否满足业主预定的要求进行验收。参与方包括业主有关部门，政府有关部门，监理单位，项目管理单位和相关的支撑单位，承包商首先提交验收申请，然后由世博村项目部组织有关单位验收，验收全部合格后进行资产移交手续，如果验收中出现质量问题，则要求承包商进行整改，直到符合竣工验收标准。

2）试运营准备管理，主要编制相关的运营制度、规程，并进行运营组织结构设计，岗位工作手册等文件的编写，进行管理工作人员的招募，培训等工作，进行试运营，及时发现问题并解决。

(6) 项目管理制度(共 12 项,略)。

小结

该项目实施策划以项目主持方为视角,对项目管理组织结构、工作任务分工、管理职能分工、项目目标控制进行了详细的策划。但项目实施策划并不是一成不变的,而是一个动态调整的过程。随着项目的进展,该策划的内容需要不断调整、优化和补充,以适应建设环境的变化要求。

案例二　某卷烟厂联合工房一期工程项目实施策划

案例背景

某卷烟厂技术改造工程是该厂"十五"重点工程,为该厂有史以来规模最大的工程建设项目,其中一期工程主要包括新建制丝车间(含配方库、贮丝房等)、动力中心、污水处理站,并配备 1 条 15000KG/H 的制丝线,及制冷、空调、空压等动能设施的建设,计划总投资 10 亿元。联合工房建筑面积约为 $51000m^2$,动力中心建筑面积约为 $9000m^2$,如图 3-19 所示。

该项目采用了项目总控(Project Controlling)模式,业主方和总控单位(以下或称为总控组)在项目实施前进行了项目实施策划,编制了《项目管理程序与控制文件》,作为整个项目实施管理的依据,内容包括组织与协调管理、目标控制、安全管理、招标和采购管理、文档信息管理等。

图 3-19　某卷烟厂联合工房一期工程

1. 组织与协调管理

项目实施的组织策划是项目实施策划的核心，其内容包括组织结构的确定、组织分工和相关流程的确定。

（1）项目组织结构

卷烟厂技改工程建设项目和一般厂房建设项目最大的不同在于其不仅包括厂房的建设，更重要的是工艺创新。因此，卷烟厂技改工程实施组织的策划必须从实现技改的目标出发，以保证项目目标的实现为最终落脚点。进行了系统的组织策划，并经过不断优化、调整（经过11次调整），最终确立了工程实施的项目组织结构，如图3-20所示。

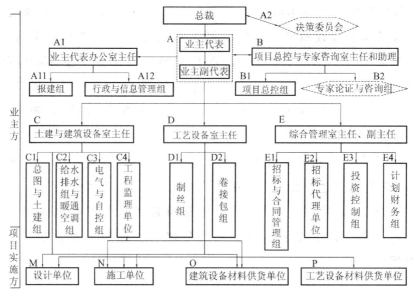

图3-20 某卷烟厂工程实施的项目组织结构图

该项目组织结构在业主方内部是线性组织结构，而对于项目实施方而言，则是职能型组织结构。该组织结构的运行规则如下：

在业主代表和业主副代表下设三个直接下属管理部门，即土建和建筑设备工程管理(C)、工艺设备工程管理(D)和综合管理部门(E)。这三个管理部门只接受业主代表和业主副代表下达的指令。

在C下设C1、C2、C3和C4四个工作部门，C1、C2、C3和C4只接受C的指令，对下没有任何指令权。在D下设D1和D2两个工作部门，D1和D2只接受D的指令，对下也没有任何指令权。E下的情况与C和D相同。

施工单位将接受土建和建筑设备工程管理部门、工艺设备工程管理部门和工程监理单位的工作指令，设计单位将接受土建和建筑设备工程管理部门和工艺设备工程管理部门的指令。

（2）工作任务分工

某卷烟厂联合工房一期工程在组织结构的基础上，根据该工程具体情况，对工作任务进行了详细的划分，工程实施的主要任务分工如表 3-24 所示，业主方工作任务分工如表 3-25 所示。

工程实施的主要任务分工表　　　　　表 3-24

编号	工作部门名称	主要任务和主要职责
P	总裁	● 对项目实施过程中重大问题（如总体设计优化的最终认可等）的决策和授权 ● 对决策委员会、业主代表（副代表）、项目总控组下达指令，并听取汇报 ● 审批项目总体预算计划和项目总进度计划
…	…	…
U	职能部门	
…	…	…
A	业主代表	接受 P 的指令，重大问题向其汇报；对项目总控组和技改办下达指令；根据工作需要，向业主副代表授权 ● 对项目工程造价、工程进度、工程质量以及工程安全总体负责，确保项目整体目标的实现 ● 确定项目进度计划 ● 视情况需要，出席相关会议
…	…	…
E	建筑组	接受 C/C1/C2 的指令 ● 接受项目总控组的决策支持和咨询意见 ● 承担土建工程技术管理责任 ● 负责专业范围内的设计管理，进行设计挖潜和优化 …
…	…	…
B1	项目总控组	接受总裁、业主代表（副代表）和技改办的指令 负责与总裁、业主代表（副代表）和技改办的沟通和协调 ● 项目实施组织策划和协助业主实施 ● 负责参与论证设计方案，保证设计方案的科学性，从而降低工程造价 ● 负责工程咨询，确保工程质量优良 …

续表

编号	工作部门名称	主要任务和主要职责
M	主设计单位	接受 C/C1 的指令 ● 负责按合同要求完成整体设计工作，达到规范的深度 ● 负责现场的设计服务，及时解决现场设计变更问题 ● 对设备供应商设计条件反馈 …
J	工程监理单位	接受 C/C1 指令 ● 按《建设工程监理规范》和双方签订的《监理合同》规定进行施工和保修阶段的工程监理 ● 对施工的质量、安全、进度进行监督和管理 ● 主持现场每周工作例会和相关专题会议 …
N	施工总承包单位	接受 J/业主现场代表的指令 ● 按双方签订的合同规定进行管理 ● 负责施工区域的安全管理，制订相关的制度 ● 负责实施对分包单位的管理与监督 …
…	…	…

业主方工作任务分工表　　　　　　表3-25

编号	工作部门名称	主要任务	备注
A	业主代表	接受厂长的指令	
		对A1, B, C, D, E, L, M, N, O下达指令	
		主持和负责整个项目建设的实施，对项目建设的投资目标、进度目标度目标	
		度目标、质量目标以及建设的安全负总的责任	
A	业主副代表	接受业主副代表的指令	
		在业主代表授权范围内对A1, B, C, D, E, L, M, N, O下达指令	
		协助业主代表主持和负责整个项目建设的实施	
		在业主代表授权范围内主持和负责有关的工作	
		在业主代表确定的范围内负相应的责任	如建设安全
A1	业主代表办公室主任	主持项目建设实施的日常运行	
		接受业主代表和副代表的指令	
		对A11, A12, A13下达指令	
		协助业主代表和副代表处理日常行政事务	

续表

编号	工作部门名称	主 要 任 务	备注
A1	业主代表办公室主任	负责项目报建	
		协助业主代表和副代表执行与政府建设主管部门的联系任务	
		对财务组、行政组和信息组的工作任务承担总的责任	
A11	财务组	接受业主代表和业主副代表以及业主代表办公室主任的指令	
		负责项目资金筹措与资金运用	
		参与项目投资控制与资金控制	
		日常财务和会计工作	
A12	行政组	接受业主代表办公室主任的指令	
		负责处理有关的行政和文秘事务	
		负责办理项目建设的业主方各工作部门的后勤事务	
A13	信息组	接受业主代表办公室主任的指令	
		负责收集、保管和整理项目建设的工程文档	
		按业主代表和副代表的要求收集和整理项目建设的有关信息	
A2	决策委员会	接受厂长的指令	
		不对任何部门下达指令	
		对项目建设过程中的重大问题作决策咨询	
B	项目建设总控与专家咨询部主任	接受 A 的指令	
		作为工程管理服务班子的对外发言人	
		全面领导项目建设总控组开展工作	
		负责与业主代表和业主副代表的沟通和协调	
		协助业主策划和组织必要的专家咨询会议	
B1	项目建设总控组	接受 B 的指令	
		项目实施组织策划	
		设计组织策划与控制	
		工程发包、设备材料采购组织策划与控制	
		投资、进度和质量目标规划和控制	
		项目管理信息系统(PMIS)应用策划	
		合同管理策划与控制	

(3) 管理职能分工

某卷烟厂项目上，管理职能分工在建设阶段上大致分为决策阶段、施工前准备阶段和施工阶段三个部分，如表3-26所示。在每个阶段都会有些重点任务，而这一任务在不同的部门中有不同的管理职能分配。如在施工前准备阶段中编号为20的一项任务—组织土建招标，就需要由建筑组策划，并作为主要实施者召集设计单位、工艺组和综合组配合实施，再上报给业主代表，由业主代表作出决策；而总控组作为专家受业主委托对该工作进行相应的检查。

某卷烟厂项目管理职能分工表　　　　表3-26

工作任务分类				任务承担者的管理职能分工					
主项	项次	子项名称	……	A业主代表	D工艺组	E建筑组	I综合组	B1总控组	M设计单位	……
决策阶段		项目立项书编制		D、C			P、I			
		编制项目组织策划		D、C			P			
		……						I		
施工前准备阶段		……								
	20	组织土建招标		D	I	P、I	I	C	I	
	21	组织土建工程合同谈判		D、C		I	P、I	I		
	22	工程报批手续办理		D、C			I			
施工阶段		……								
		组织协调土建施工		D		P、I		C		
		组织工艺设备安装		D、C	P、I	I				
		……								

备注：P——计划　D——决策　I——执行　C——检查

(4) 项目会议组织与管理

1) 定期会议沟通与协作管理

① 每周定期工作会议情况：

——每月的最后一周的例会，增加月度工作的检查与分析，下月工作计划的讨论等月度内容；

——参加会议的人员要对会议的内容进行传达和落实，以保证协调一致。

② 专题会议沟通与协作：

——专题讨论会由专项责任人负责组织，对专题内容进行专项深入讨论，达成共识；

——专题会必须指定专人记录，原则上要求整理形成会议纪要，由专项责任人审核，分发至相关人员；

——若专题会议纪要需向本单位外的人员发送，需报送责任领导审批确认。

2）项目函件沟通管理

各单位和部门发函的权限如表 3-27 所示。

各单位和部门发函权限　　　　表 3-27

单　　位	技改办	各专业组	总控组	设计院	工艺咨询单位	施工单位	监理单位
技改办		√	√	√	√	√	√
各专业组	√		√				
总控组	√	√					
设计院	√					√	√
工艺咨询单位	√						
施工单位	√			√			√
监理单位	√			√		√	

注：表格内显示"√"表示具有相互发送函件的权利。

3）与政府部门的沟通

① 与拆迁指挥部的沟通，日常工作通过拆迁联络人进行沟通，重要工作向技改办主任请示，采用"一事一报"的方式进行沟通。

② 项目报批报建工作，原则上由经办部门负责办理。

③ 编制详细的报批报建手册，明确各项工作任务、工作流程、经办部门和相关资料准备。

2. 进度控制

（1）相关方进度控制的职责

制订业主代表/副代表、技改办主任/副主任、综合管理组、专业组、总控组、设计院、监理单位和总承包单位在进度控制方面的职责分工，以总控组为例，其职责主要包括：

① 负责编制项目总进度规划，提交业主审批后，根据实际进展情况进行跟踪分析；

② 负责 P3 应用规划的制订、完善和组织实施。

（2）项目进度控制模式

1）方法及辅助工具

进度控制的方法是采用动态控制，把总进度目标落实到分阶段目标中去实现。本项目采用进度控制软件 Primevera Project Planner（P3）作为辅助工具，进行全方位、全过程的控制。

2）进度计划的分级及深度要求

根据进度控制的分级管理、层层控制的指导思想，其中工程管理计划分为4级，项目实施计划分为5级，相应进度计划的分级及要求如表3-28所示。

进度计划的分级及要求 表3-28

级别	计划名称	深度要求	编 制	审 查	审 批
L1	控制节点（里程碑）	各阶段控制节点	总控组	业主方领导	决策委员会
	总进度规划（指导性或控制性）	明确各阶段及分部工程完成时间	总控组	业主方领导	决策委员会
L2	专项计划	包含招标、采购计划和设计出图计划	招投标单位设计院	技改办总控组	业主方领导
L3	工程管理月度工作计划	能指导日常工作，具有可检查性	总控组技改办各组	总控组综合管理组	业主方领导
	施工总进度计划	明确分项工程施工开展计划	总承包单位	监理	业主方领导
L4	工程管理周工作计划	各组自行规定	总控组技改办各组	—	—
	分阶段滚动施工进度计划	按年、月、季度滚动编制	总承包单位分包单位	总承包单位监理总控组	业主方领导
L5	作业实施计划	由总包单位和分包单位自行规定	施工单位	总承包单位监理	

（3）进度计划的编制与审批

进度计划的编制与审批应执行严格的流程，应制订控制节点（里程碑）、总进度规划的编制与审批流程、项目实施计划的编制与审批流程、月度计划的编制与审批流程以及进度计划的实施、检查与分析流程等。图3-21为控制节点（里程碑）、总进度规划的编制与审批流程图，对该流程的要求是：项目出现重大变更时，需要对总进度规划进行变更时，需重新按上述流程进行变更。总进度规划要进行版本控制，发至相关人员，并录入P3中。

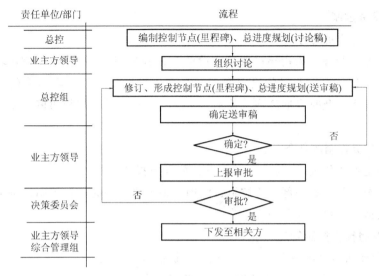

图 3-21 控制节点(里程碑)、总进度规划的编制与审批流程图

3. 质量控制

(1) 相关方的质量职责

项目管理规划与控制制度中相关方的质量职责包括业主的质量责任和义务、工程勘察单位的质量责任和义务、工程设计单位的质量责任和义务、工程监理单位的质量责任和义务、招标代理单位的质量责任和义务、施工单位的质量责任和义务、总控组的质量责任和义务、设备/材料供应单位的质量责任和义务。

(2) 质量过程控制

1) 质量控制原则：设计质量由设计院负责，业主负责使用功能审查、主工艺生产线的审核工作；施工总承包商承担施工全过程质量控制与管理，对施工质量负责，分承包商对总承包商负责；设备、材料采购要遵循名牌优质产品的原则。

2) 在施工准备阶段，质量控制的内容(具体略，下同)。

3) 在施工阶段，质量控制的内容。

4) 隐蔽工程验收及分项工程验收。

5) 在验收阶段，质量控制的内容。

6) 设计(工程)变更管理与设计(工程)变更质量控制。

7) 设备安装的质量控制。

8) 整体竣工验收。

9) 保修阶段的质量控制。

4. 投资控制

(1) 投资控制的方法和手段

以动态控制理论为指导对项目建设的全过程进行控制，运用 EXP 软件系统作为辅助工具，通过及时的投资数据的采集，进行计划值与实际值的分析、比较，发现偏离，及时采取经济、技术、组织、合同等手段进行纠偏，使项目费用目标尽可能实现。

(2) 投资控制的任务分工

应确定业主代表/副代表、专业组、综合组投资控制专业人员、综合组合同管理员、纪审部、财务部、总控组、监理、施工单位等的投资控制任务分工，以总控组为例，其投资控制的任务为：

① 编制投资控制管理制度；
② 参加初步设计概算的审核会议，并提供咨询意见；
③ 参与项目投资控制的过程管理，并提供咨询意见；
④ 会同综合组投资控制员进行投资跟踪和分析；
⑤ 会同综合组投资控制员编制投资控制计划及报表。

(3) 投资控制的目标设置

总目标是批准的初步设计概算。专业分目标的设置：由投资控制员对初步设计概算按项目专业分工进行分解，提出各专业/专项资金控制目标，并与各专业组进行沟通确认。各专业/专项资金控制目标经业主代表/副代表审批后，作为专业分目标。

(4) 过程控制

投资控制的流程包括：投资控制总流程、投资计划、分析、控制流程、合同付款流程（工程合同进度款付款流程、变更投资控制流程）、工程结算流程等。

5. 招投标及采购管理

(1) 适用范围

由于"十五"技改项目总投资在 1000 万元人民币以上，故按标段可采用不同的招标方式。

(2) 招标工作组织结构（图 3-22）

(3) 招标工作中各部门职责

应制定业主代表/副代表（招标领导小组负责人）、技改办主任/副主任、招

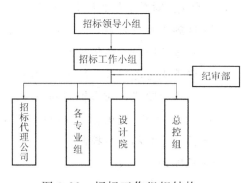

图 3-22 招标工作组织结构

标代理公司、总控组、设计院、纪审部、技改各专业组和综合管理组在招标方面的职责，以设计院为例，其职责为：

① 提供满足招标工作开展的设计文件、图纸；
② 为招标文件编制提供技术规格书及相关要求；
③ 应业主要求参与招标谈判；
④ 解答有关技术方面的答疑工作，提供咨询意见。

（4）过程控制

根据某卷烟厂原有工程项目管理制度，将招投标的流程加以细化，具体招标过程由招标代理公司安排。包括以下流程：标段的划分和确定、招标公告的拟定、审批和发布、资格审查、考察及入围的确定、编写招标书、招标答疑、评标、特殊条款部分谈判、签定合同等。

6．文档信息管理

（1）组织结构与职责

组织设置与人员配备：业主文档信息管理由厂部档案室、技改办档案室、各专业组兼职文档管理员组成；在项目建设时期，现场施工单位、监理单位亦应设相应机构并配备专职人员，负责收集整理施工档案、监理档案。

（2）信息管理的组织

某卷烟厂联合工房一期项目的信息管理组织如图 3-23 所示。

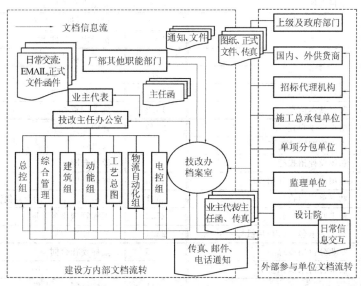

图 3-23　某卷烟厂联合工房一期工程的信息管理组织

(3) 文档信息编码与分类

某卷烟厂联合工房一期工程的项目文档分类是在结合项目文档所产生的建设阶段、项目参与各方文档信息管理要求、业主方项目管理要求、归档资料整理以及竣工资料整理要求下进行分类的。在项目信息管理中，对设计图纸的管理采用以设计院的图纸管理制度和信息编码制度为基础，加强对图纸的版本控制，制定相关制度，不再另行编码。联合工房一期工程项目的文档编码是在保证稳定性、灵活性以及可操作性的原则下制定的，该项目的文档编码体系如图3-24所示。

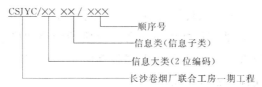

图 3-24 某卷烟厂联合工房一期工程的项目文档编码体系

根据文档编码体系规则，联合工房一期工程的信息大类分为前期资料、勘察设计测绘设计资料、招投标或委托和合同等六大类，在此基础上进行了信息子类的划分，相应信息类分类与编码示例如表3-29所示。

某卷烟厂联合工房一期工程信息分类与编码示例　　　表 3-29

编码	信息分类名称	编码	信息分类名称
0000	前期资料	…	…
0010	项目立项	0530	业主方有关信息
0020	可行性研究报告	0550	设计（咨询）单位有关信息
…		1050	初步设计文件
0370	验收规定	1060	施工图设计文件
0400	领导讲话摘要	1070	设计图纸会审交底及审查
0500	项目公共信息	1071	图纸会审交底
0510	项目基本信息	1072	施工图审查
2000	招投标或委托	2500	合同
2010	工程管理服务委托	2510	勘测合同
2020	总体设计招投标	2520	设计合同
2030	单项或专业设计招投标	2530	咨询合同
2040	勘察单位招投标	2531	前期工程咨询合同及其他咨询合同
2050	施工监理招投标	2532	工程管理服务合同
2060	施工总承包（管理）招投标	2534	施工监理合同
2070	专业分包招投标	2535	招标委托合同
2080	设备材料采购招投标	…	…
…	…	2541	土建合同

设计图纸在对其进行管理的过程中，需要进行独有的分专业、分阶段以及分版本控制。并且设计院对其签发的设计图纸图签编码有其独有性以及不可更改性。因此设计图纸采用设计院原有编码形式，在此基础上制定管理制度，确保图纸版本控制和图纸分发的准确性和及时性。

7. 文档管理

文档管理指的是对作为信息载体的资料进行有序地收集、加工、分解、编码和存档，并为项目各参与方提供专用和常用信息的过程。文档的归档范围及归档方式如表3-30所示。为了有效地进行信息与文档管理，引进了工程档案及竣工资料整理系统（Power Document），编制了系统应用规划、应用制度和应用手册。

某卷烟厂联合工房一期工程归档范围及归档方式　　　　表 3-30

文 档 类 别	责任部门	归 档 方 式
专业组自身所形成的技术文件资料、决策文件、函件、小组会议纪要、管理文件资料	专业组	日常积累，按事务阶段完成交付档案室归档。随月工作计划检查成果一并检查
…		…
联合试运转和试生产记录文档		按厂部要求整理归档
技改办日常工作会议纪要、招投标过程中产生的所有信息文档、项目管理制度、各类工作流程	综合组	日常积累，按事务阶段完成交付档案室归档。随月工作计划检查成果一并检查
…	…	…
工程监理文档、监理月报、监理评估报告	监理单位	自行收集整理，按月提交监理月报，分部（子分部）验收前提交相应监理评估报告，竣工验收前提供监理总评估报告

8. 施工现场安全管理制度

（1）安全管理职责：

① 业主代表/副代表负责项目安全的全面领导，督促制订相关的制度并监督落实；

② 业主安全员负责督促安全安全制度的落实，定期组织安全检查工作；

③ 业主现场施工员负责现场安全施工检查与指导，监督施工单位做好现场安全管理；

④ 业主安全保卫部负责检查、督促、考核各相关方的安全管理工作；

⑤ 施工管理总承包单位负责项目区域的安全管理，建立安全管理体系和安全生产责任制，制订相关的项目安全控制和项目现场管理实施细则，监督各施工单位实施，确保项目安全工作的落实；

⑥ 各施工单位服从施工管理总承包单位安全管理，负责对本单位的安全管理工作。

（2）安全管理内容：

① 现场安全管理组织机构；

② 现场安全管理的一般原则；

③ 安全教育管理；

④ 门卫管理；

⑤ 施工单位的安全管理；

⑥ 施工人员管理；

⑦ 办公场所治安管理；

⑧ 施工安全管理；

⑨ 安全用火管理；

⑩ 车辆管理；

⑪ 材料管理；

⑫ 安全检查与监督；

⑬ 安全隐患整改。

小结

建设工程项目具有一次性的特征，主要体现在两个方面：一是工程项目本身的独特性和一次性，二是项目实施组织过程的一次性，因此，每一个项目的实施重点和难点都有所不同，项目实施策划的重点也有所不同。本项目最终获得了鲁班奖，实现了多项管理和技术创新，包括基于项目文化和绿色施工的管理技术等，都属国内首创。系统的项目实施策划和完善的管理体系是项目取得成功的重要保证。因此，本案例的介绍可作为项目实施策划的参考和借鉴，但正如前所言，每个项目的特征都不同，因此项目实施策划虽然主要内容相似，但每个具体策划的思路、深度和广度都可能差别很大，应根据不同的项目进行调整。

3.2 设计过程项目管理案例

3.2.1 设计过程项目管理

案例背景

上海世博村项目概况同第 3.1.5 节案例 1。

上海世博村除了包含建筑类型多样的新建项目外，还有很多改建部分，主要是对上海港口机械制造厂、上海溶剂厂的保留厂房进行改建，会中主要为园区提供仓储物流、商业和娱乐等功能，会后部分地块结合世博国际村功能调整重新开发建设。

本案例主要介绍了上海世博村项目设计管理的原则与指导思想、设计管理的组织、各地块设计实施的计划、工作联系单及会议制度，具体回答了如何对类似于上海世博村这样的大型项目群进行有效和系统地设计过程管理。

1. 项目设计目标

（1）时间目标

上海世博村项目设计的时间目标如表 3-31 所示。

上海世博村项目设计时间目标表　　　表 3-31

区　域	设计管理工作	开始时间	完成时间
总体	规划建筑国际方案征集终期评审	2006-9-9	2006-9-10
	深化方案确认	2006-10-13	
上海世博村 A 地块	桩基招标图		2006-12-13
	桩基及地下部分施工图（报审用）		2007-1-12
	桩基施工图正式图纸		2007-1-30
	地下部分施工图正式图纸		2007-3-10
	上部施工图正式图纸		2007-8-15
	总体设计		2007-9-15
上海世博村 D 地块	桩基招标图		2007-1-10
	桩基及地下部分施工图（报审用）		2007-1-20
	桩基施工图正式图纸		2007-2-10
	…		…

续表

区　域	设计管理工作	开始时间	完成时间
上海世博村 B 地块	提交扩初图纸		2007-2-5
	桩基招标图		2006-2-6
	…		…
上海世博村 J 地块	完成扩初设计		2007-1-21
	结构加固图		2007-3-31
上海世博村 E、F 地块	提交扩初图纸		2007-3-15
	桩基招标图		2007-4-15
	桩基及地下部分施工图(报审用)		2007-4-30
	…		…
上海世博村 C、I、H 地块	完成方案设计		2007-8-31
	完成扩初设计		2007-10-30

(2) 使用功能目标

上海世博村生活区为永久性建筑，会中主要为外国官方参展工作人员提供住宿、餐饮、购物、娱乐和商务等多种功能。上海世博村 VIP 生活区包括星级酒店、保留别墅群以及景观、绿化等功能；上海世博村 B、D、E、J 地块主要包括高档公寓式酒店、中档公寓式酒店、经济型酒店及综合楼。

上海世博村服务及后勤配套区，会中主要为园区提供仓储物流、商业和娱乐等功能。

上海世博村生活区会后永久保留作为高品质国际社区。

(3) 投资控制目标

以批准的设计概算为投资控制的目标，并要求设计单位进行限额设计。

2. 设计管理原则与指导思想

(1) 项目全寿命周期成本原则

上海世博村项目建设规模大、技术含量高，在设计管理过程中应考虑项目全寿命周期成本，包括工程项目策划和决策阶段、工程项目准备阶段、工程项目实施阶段、工程项目竣工验收各阶段和工程运行及维护阶段的全部成本。针对世博会项目的特殊性，还应考虑其对环境、对社会和对历史的影响，及其世博会后续利用和可持续发展的能力。

设计管理过程中运用价值工程对项目各个地块进行功能分析，从而确定其必要功能定位和实现必要功能的最低成本方案(工程概算),使其价值最大化。

根据上海世博村项目的具体情况,在设计方面根据项目功能定位,设计内容中去除不必要的功能,明确设计标准。

(2) 会中以及会后使用相结合原则

本着可持续发展的原则,对世博会后续利用进行适应性分析,从整体上看,高星级酒店、高档、中高档服务式公寓及商业服务设施可作为本项目会后的主导定位方向,在前期设计中需综合考虑后续开发利用的使用功能。

3. **设计管理的组织**

(1) 组织结构

由于上海世博村工程规模大、单体多、工期紧,因此设计单位及专业顾问单位也比较多,设计管理组织较为复杂。为此,上海世博村专门成立了相应的管理部门,由业主方前期与设计部和场馆总体院(总体院由各设计单位代表组成,以方便各单位间的协调和沟通)共同组成了项目设计管理部,负责整个设计过程的管理。上海世博村项目设计实施团队的组织结构如图 3-25 所示。

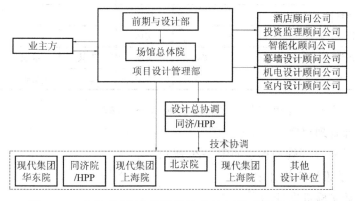

图 3-25　上海世博村项目设计实施团队的组织结构图

(2) 工作任务分工

各参与单位的总体工作任务分工如表 3-32 所示。

各参与单位的总体工作任务分工表　　　表 3-32

	工 作 内 容	各地块设计单位	总体设计单位	咨询单位	总体院	项目设计管理部
方案阶段	设计任务书			咨询	实施	审批
	方案设计	实施	实施、顾问			

续表

工作内容		各地块设计单位	总体设计单位	咨询单位	总体院	项目设计管理部
方案阶段	方案设计跟踪		协助		实施	协助
	中间成果汇报	实施	实施、顾问	咨询	组织	决策
	方案汇报	实施	实施	咨询	组织	决策
	编写深化要求		协助	实施	实施	审批
	方案深化	实施	实施		组织	
	方案确认			审核	协助	决策
扩初阶段	扩初设计要求的编制		协助	参与	实施	决策
	扩初设计	实施	协助			
	扩初设计跟踪		实施		实施	协助
	扩初设计阶段成果汇报	实施	实施	审核	组织	决策
	编写补充设计要求		协助	参与	实施	决策
施工图阶段	施工图设计要求的编制		协助	参与	实施	决策
	施工图设计	实施	协助			
	施工图设计跟踪		实施		实施	协助
	施工图设计阶段成果汇报	实施	协助	审核	组织	决策
	编写补充设计要求		协助	参与	实施	决策

同时，各单位内部也都制定了详细的职责分工(略)。

(3) 设计管理程序

上海世博村设计管理程序如图3-26所示。

4. 各地块设计实施计划

(1) 设计实施进度计划

各地块结合本地块的具体情况，均编制了设计的实施进度计划。

(2) 设计质量控制流程

设计质量控制由场馆总体院及设计总协调单位负责落实并实施，其控制流程如图3-27所示。

(3) 设计进度控制流程

设计进度是整个上海世博村项目进度控制的关键，本项目采用了多级进度控制方法，以分批出图的方式，抓重点出图，抓关键节点的控制。设计进度控制由项目设计管理部负责，各设计院配合实施，采用的进度控制流程如图3-28所示。

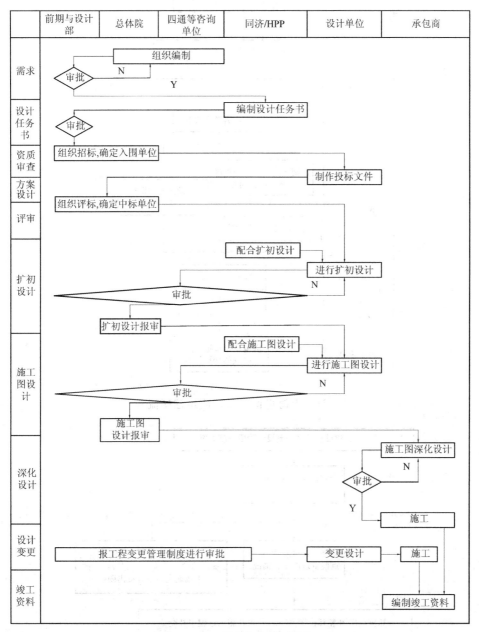

图 3-26 上海世博村设计管理程序

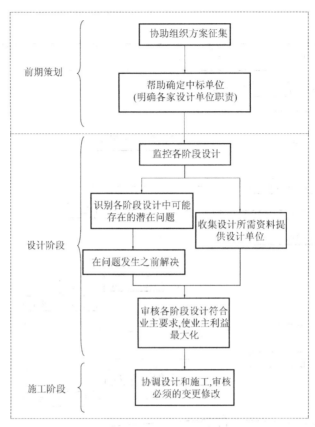

图 3-27 上海世博村设计质量控制流程

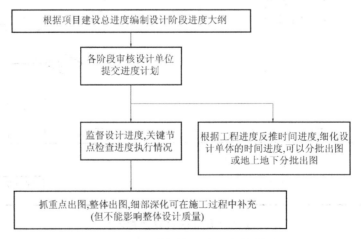

图 3-28 上海世博村设计进度控制流程

(4) 设计成本控制流程(图3-29)

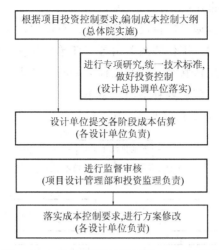

图3-29 上海世博村设计成本控制流程

(5) 设计变更管理流程(图3-30)

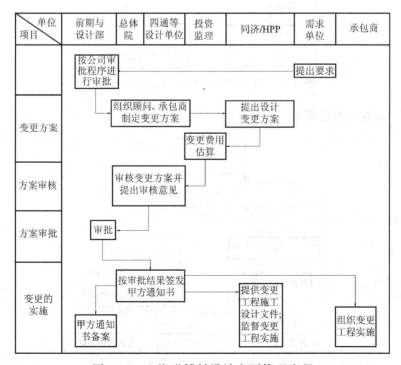

图3-30 上海世博村设计变更管理流程

5. 工作联系与会议制度

(1) 设计沟通管理的方式

工作联系单是上海世博村项目设计管理部、总体协调单位、各地块设计单位之间日常的工作沟通形式。工作联系单由各责任单位的项目负责人或项目经理签发，并加盖有效印章。工作联系单应明确任务和时间节点，并要按时答复。口头通知只能作为临时依据，事后要补书面联系单。

1) 设计单位工作联系单流转程序(图 3-31)

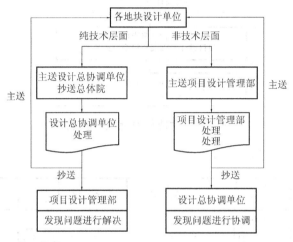

图 3-31　设计单位工作联系单流转程序

2) 项目设计管理部工作联系单流转程序(图 3-32)

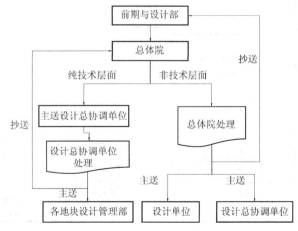

图 3-32　项目管理部工作联系单流转程序

其中，总体院可利用自行处理、与业主协同处理和组织配套协调会等的方式处理工作联系单，而设计总协调单位可利用的方式为自行处理或组织技术协调会。

3) 各责任体可采取的处理方式和前提条件：

① 自行处理——对需处理事项有正确有效把握的；

② 与业主协同处理——有关事项或处理结果会影响业主原先目标或需要业主决定的事项。

（2）设计会议制度

会议包括设计例会、技术协调会和配套协调会等。其中，配套协调会指与项目设计有关的政府主管部门或市政配套部门的沟通协调。

会议管理主要应做好会前的筹备、会议通知、会务管理和会议纪要，这也是会议管理的基本流程。

1) 设计例会

① 设计例会每周一次，由部门负责人主持，日期为每周三下午，具体时间、地点、参加人员等以会议通知（通知由主持人签发）为准。

② 会议主要内容为通报近期工作情况、落实设计进度、讨论议题和解决问题。

③ 设计例会由总体院负责组织（包括发会议通知、会务管理、会议签到、会议纪要起草、各方确认以及送达各方等全过程）。

④ 参加单位：与会议议题有关的各方，原则上各个参会单位的人数在1~2人。

⑤ 会议议题由总体院负责落实，初定的议题在周五确定并提交，正式议题在周一决定。议题内容为重要事项。

2) 技术协调会

① 技术协调会视项目需要由各责任单位召开，会议主要解决各项具体技术问题及提交设计例会要讨论解决的议题和拟定的解决方案。议题要及时上报总体院。

② 技术协调会由总体协调单位负责组织（包括发会议通知、会务管理、会议签到、会议纪要起草、各方确认以及送达各方等全过程）。

3) 配套协调会

① 配套协调会视项目需要召开，具体时间、地点和参加人员等以会议通知为准。

② 配套协调会由前期与设计部负责召集，由总体院负责组织（包括发会议通知、会务管理、会议签到、会议纪要起草、各方确认以及送达各方等全过程）。

③ 以上会议纪要，须于会后1个工作日完成初稿，送各相关方确认，初稿发出后2~3个工作日内由项目负责人签发正式纪要。

（3）方案、扩初、施工图文件的移交流程（图3-33）

（4）绿色通道制度

各地块设计单位建立了世博绿色通道制度，对涉及到项目报送审批等需要设计单位签字、盖章的工作，做到随到随办。

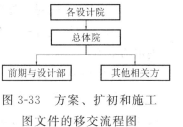

图3-33 方案、扩初和施工图文件的移交流程图

小结

上海世博村项目规模大、功能复杂、目标要求严格，因此设计管理必须认真安排，精心组织。案例中利用组织论的基本原理，在设计管理的目标和原则下，明确了组织结构、组织分工、工作流程和设计会议制度，有效地进行了设计过程管理。但是，设计管理涉及到组织、管理、经济、技术和合同等方方面面的问题，设计过程管理是一个发现问题和解决问题的过程，也是一个进行重大问题决策和事务细节处理并存的过程，甚至还要进行专题研究。因此，还应在前面的基础上深化编制设计管理程序与制度，例如设计信息管理制度、限额设计制度、价值工程的应用、全寿命周期投资控制的应用等，以尽可能实现各项设计目标。

3.2.2 设计委托及合同管理

案例背景

某软件园的项目概况同第3.1.1节案例。

在本项目中，首先进行了软件园的前期策划，包括功能分解和面积分配（见第3.1.1节及第3.1.3节案例）等。在此基础上，对软件园总体概念规划设计，综合大楼的方案设计、扩初设计和施工图设计，以及综合大楼的外立面设计和室外园林设计等分别进行了设计任务委托，各阶段设计之前都由项目管理咨询公司编制了详细而明确的设计任务书，作为项目设计工作的依据或参考。

1. **概念规划设计**

(1) 设计任务书的编制

为编制设计任务书,首先进行了环境调查与分析,在此基础上开展了前期策划工作,包括详细的功能分析和面积分配,并形成了概念规划设计任务书,包括项目的概况、概念规划方案设计的内容、方案设计的依据、原则要求、方案设计的成果、评审、酬金和日程安排等内容。通过这些内容的详细描述,把业主对设计单位的要求、对设计目标的理解、方案评判的标准和程序都阐述清楚了。这就使得设计单位对该项目有了比较深入和全面的了解,在此基础上开展设计就比较有针对性。

(2) 设计方的工作内容

在接到任务书以后,设计方的任务首先是提出规划理念,在对影响软件园发展的因素、IT 人才和 IT 企业的需求以及本地块的特征等方面充分理解的基础上提出规划设计指导思想和原则;其次是总体布局,包括功能组成分析、用地布局、道路结构、安全网络、绿化和水体规划指标等;再次是道路交通网络和绿化生态网络。然后要求设计方对几个重点地块进行详细分析,对办公生产区、公共交流区、居住区、中心广场和公共设施等要进行重点分析,要求对建筑布置,空间形态,布局等提出构想,即从规划设计的角度来对今后单体的设计做限制,对主要空间(主路口,安全围墙,景观)要提出构想,最后要对一次规划分期实施提出构想。

(3) 概念规划设计任务的委托

经过比较分析,软件园概念规划设计任务最终委托给某城市规划设计研究院,初步的概念规划设计方案如图 3-34 所示。

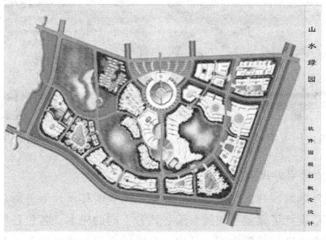

图 3-34 初步概念规划设计方案

2. **综合大楼单体的设计**

综合大楼是软件园中的标志性建筑,规划建筑面积约 10 万 m^2,要求单体大气、壮观。考虑总体风格的一致性,软件园综合大楼的方案设计、扩初设计和施工图设计也都委托给该城市规划设计研究院。

在方案草图阶段要求设计方提交三个不同方案进行评比,对被选中方案进行深化作为最终方案。项目管理方协助业主编制了《软件园综合大楼方案设计任务书》,对方案设计提出了相关要求。方案设计的初步成果如图 3-35 所示。

3. **局部内容的优化设计**

为了使建筑方案更具特色,符合软件园的总体规划要求,在方案设计基础上对局部内容进行了优化,尤其是外立面、出入口和园林景观部分,专门邀请了国外专业的设计公司进行了优化设计。

(1) 综合大楼外立面设计

软件园综合大楼外立面设计委托给德国某建筑设计所进行深化,主要负责设计综合大楼立面建筑及艺术处理,特别是外环立面、内环立面、屋面、挑檐、大楼入口以及各段建筑物之间的连接方式等。在最终成果中,外立面采用计算机穿孔带式早期存储模式的艺术化处理,符合软件园的特征;出入口的处理既满足了交通、消防等各种要求,也使大楼的六个部分浑然一体,营造出了壮观、大气的风格。

综合大楼外立面设计的最终成果如图 3-36 所示。

图 3-35 某软件园方案设计初步成果图

3-36 综合大楼外立面设计的最终成果

(2) 综合大楼室外风景园林设计

本大楼室外风景园林设计委托给了德国某风景园林设计事务所。在方案设计中,设计师精心设计了高差不同的台阶、四种不同的树木、各色各样的花草以及水循环系统和中央区域的假山等。其中,台阶的高差起落形成了一个小空间,可以使得IT人士在其中休息、茶歇和交流，为他们提供了一个思想碰撞、产生创意的场所。所有的花草树木都经过设计师的精心挑选，在本市可以随时买到和更新，使得园中的绿化四季如新（图3-37）。另外，还设计了一个夜间的探光照明系统，可以通过激光和电子显示屏的365度旋转播放和投射不同厂家的宣传广告（图3-38）。

图3-37　园内景观和绿化设计

图3-38　夜间探光照明系统

4. 设计合同的签订与管理

设计是项目实施的龙头，抓好设计管理是项目管理成功的关键，而设计管理中的合同管理则是重中之重，其直接影响到项目的投资、质量、进度和安全等。本部分主要介绍软件园综合大楼方案设计、扩初和施工图设计，以及综合大楼的外立面设计和建筑室外园林设计等合同的签订与管理。

（1）方案设计合同

方案设计合同的内容如下：

1）合同签订所依据的文件。

2）本合同工程设计项目的名称、地点、规模、投资、设计内容及标准。

3）甲方向乙方提交的有关资料及文件：

① 委托设计任务书；

② 立项报告及上级批文；

③ 选址意见书；

④ 规划红线图（1∶500）。

其中，对每份文件提交的份数和时间进行了严格的限定。

4）乙方向甲方交付的设计文件：

① 对设计任务书的意见；

② 方案设计文件；

③ 估算报告。

其中，对每份文件提交的份数和时间进行了严格的限定。

5）设计费用及支付方法。

6）双方的责任。

7）其他。

(2) 扩初和施工图设计合同

该合同的主要条款项与方案设计相同，但由于设计深度不同，因此具体内容也不同。

1）甲方向乙方提交的有关资料及文件：

① 方案设计审批文件；

② 地质勘探报告；

③ 市政管线接入许可文件；

④ 设备清单及技术要求；

⑤ 规划等行政主管部门意见；

⑥ 各行政主管部门会审意见。

其中，对每份文件提交的份数和时间进行了严格的限定。

2）乙方向甲方交付的设计文件：

① 对设计任务书的意见；

② 扩初设计文件；

③ 概算文件；

④ 施工图设计文件；

⑤ 预算文件；

⑥ 桩位图；

⑦ 地下结构施工图。

其中，对每份文件提交的份数和时间进行了严格的限定。

(3) 综合大楼外立面设计合同

该合同的主要内容包括：

1）设计任务；

2）工作范围（获取项目基本信息、方案设计、深化设计）；

3）工作进度；

4) 设计酬金的分期支付；

5) 项目委托方的义务；

6) 附加条款。

(4) 综合大楼建筑室外园林设计合同

该合同的主要内容如下：

1) 工作范围。

2) 设计酬金的分期支付。

3) 项目委托方的义务。

4) 附加条款。

小结

设计任务的委托模式有多种，本案例中单体建筑和总体规划均由同一家设计院完成，有利于整体风格的一致。单体建筑方案设计有多个草案，有利于方案的优选。针对其中的重要部位，由国外设计公司进行优化，则使整个单体建筑更为精致，更趋合理。

3.2.3 设计要求文件

案例背景

某办公大楼基地位于常州市武进区，基地东侧为街头公园，基地占地面积约20074m^2。本项目为一栋单体建筑，总建筑面积约2.7万m^2。建筑主体高度约90m，地上22～23层，地下一层，标准层单层建筑面积约1000m^2，3层裙房，裙房单层建筑面积约2000m^2，地下一层停车库。项目功能以办公为主，辅以必要的配套功能。

本案例以该办公大楼为例，介绍设计要求文件的内容。

1. **原则要求**

本项目总体定位为办公大楼，并考虑部分出租。设计的总体原则应体现功能合理，造价经济，生态、节能、健康和安全，体现政府行政办公的风格特征，并与周边环境相协调。在建筑手法上既体现时代特征又要与当地实际相结合。

本项目是常州市武进区行政中心区域内的办公大楼，建成后该项目应成为武进区、常州市的精品工程。

2. 功能要求

本项目在功能上应满足政府办公以及入驻企业办公的要求，同时还应考虑与之相配套的辅助功能，包括餐饮、会议、活动中心等需求。具体见表3-32，即项目功能分解结构。

项目功能分解结构表　　　　表3-33

编码	功　能	详细功能组成	使用面积要求(m^2)
01000	1楼：土地市场交易、土地登记、信访接待、执法大队		
01100	土地市场交易		
01110	土地市场交易大厅		300
01120	土地市场交易办公室	4个办公室，包括主任、副主任办公室和两个科员办公室	120
01200	土地登记		
01210	土地登记中心大厅		150
01220	土地登记中心办公室	3~4个办公室，包括主任、副主任办公室等	100
01300	信访接待		
01310	信访接待室		40
01320	信访接待办公室		30
01330	资料室		30
01400	执法大队		200
02000	2楼：食堂、预留空间		
02100	食堂	包括员工就餐大厅、1个3桌规模包厢、2个中包厢、1个16人大包厢（包厢内均设单独卫生间）、以及餐厅相关配套设施	1000
02200	预留空间		
03000	3楼：会议中心、档案管理、预留办公室		
03100	会议中心		
03110	大型会议室	200人多功能会议室	
03120	会议贵宾接待室		
03200	档案管理		
03210	档案室	（应考虑承重要求）	300
03220	档案室办公室		30
03230	阅档室		30
03300	预留办公室		

续表

编码	功能	详细功能组成	使用面积要求(m²)
04000	4楼：工会活动中心		
04100	健身房		200
04200	乒乓球室		100
04300	工会俱乐部		
04310	多功能厅		200
04320	阅览室		100
04330	棋牌室		100
04340	休闲室		100
04350	老干部活动室		40
04360	支部活动室		60
05000	5楼：地籍科、耕保科、利用科、预留办公室		
05100	地籍科	包括4个办公室	200
05200	耕保科	包括4个办公室	200
05300	利用科	包括4个办公室	200
05400	预留办公室	2个	
06000	6楼：土地收购储备中心、财务科、监察科、预留办公室		
06100	土地收购储备中心	包括4个办公室	200
06200	财务科		200
06300	监察科		200
06400	预留办公室	2个	
07000	7楼：信息中心、会议中心、预留局领导办公室		
07100	信息中心		200
07200	会议中心		
07210	中型会议室	100人	
07220	小型会议室	40人	
07230	圆桌会议室	15人（或放在9楼）	
07300	预留局领导办公室	2个（设单独卫生间）	
08000	8楼：办公室		
08100	办公室		
09000	局长室、行政办公室		

续表

编码	功　能	详细功能组成	使用面积要求（m²）
09100	局长室		
09110	局长室1	设单独卫生间	
09120	局长室2	设单独卫生间	
09130	局长室3	设单独卫生间	
09140	局长室4	设单独卫生间	
09150	局长室5	设单独卫生间	
09200	行政办公室	包括2个办公室，1个储藏室	
10000	10楼：标准间（酒店规格）		
10100	套间	2个	
10200	标准间		
11000	11楼：预留		
12000	12楼：预留		
13000～	13楼以上，标准办公层		

3. 其他设计要求

① 基地和东侧街头公园是相对独立的地块，在规划设计总平面布置中既要考虑办公楼的相对独立性，同时又要进行整体考虑，做到有分有合。

② 楼层名称不设13、14层。

③ 政府办公使用楼层为1～12层，13层以上对外出租，要求载客电梯分别布置，并考虑人员的流向安排，主入口分离。

④ 楼工会活动中心、其他带有单独卫生间的楼层需根据功能考虑下水问题。

⑤ 考虑充足的停车位（包括地下和地上停车位），以满足办公及外来人员的停车需求。

⑥ 满足《建设项目建筑设计要点通知书》中的相关要求。

小结

设计要求文件最重要的是要反映项目的准确定义以及后期运营的要求，包括项目功能分解、面积分配、标准等级和设备选型，甚至是房间的空间参数等，设计方应在此基础上进行合理优化，以使项目建成后更能符合业主（客户）的要求，打造出无论是造型、功能，还是全寿命周期运营方面都较好的精品工程。

3.2.4 价值工程的应用

案例背景

某软件园的项目概况同第 3.1.1 节案例。

综合大楼是该软件园项目中一个十分重要的工程。该工程为一集办公、教学、餐饮、展览和会议为一体的多功能办公大楼。大楼总建筑面积 14600m²，为钢筋混凝土框架结构，由六段单体连接组成圆环状的平面布置，外直径尺寸 400m，内直径以 333～340m 层层内收，如图 3-39 和图 3-40 所示。

该项目原上部主体结构方案中的楼盖方案为现浇无梁空心板，在结构设计优化中，利用 VE 的研究，提出了八种替代方案，通过计算、分析和比较，采用了单向密肋楼盖方案，仅此一项就节省成本 270 万元，占原总投资的 2%，占工程费用的 11%，取得了十分显著的经济效益。

图 3-39 软件园综合大楼内景图

1. 价值工程应用的背景

（1）平面结构布置

本项目地上 5 层，地下 1 层，平面上由 A1、A2、B1、B2、C1、C2 六段组成。30m径向进深由柱网分成两边各12m跨的无内柱大空间和6m宽的内天井。其中，A1段的平面结构如图3-40所示。

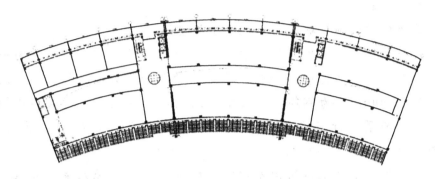

图 3-40　A1段平面结构示意图

(2) 原设计方案的特点和局限性

初步设计方案为现浇无梁空心板及暗梁结构。如图3-41所示，板厚400mm，空心管管径为280mm，间距60mm，横向放置，横向柱上暗梁高400mm、宽800mm，纵向主梁高800mm、宽400mm。

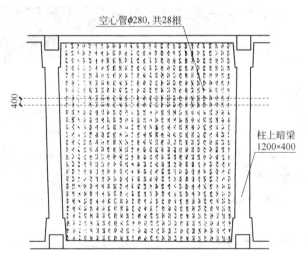

图 3-41　现浇无梁空心板及暗梁结构设计方案

该方案为一项新技术，应用在一般跨度的建筑中可以降低楼板高度、增加净空、减少自重和加快施工进度等。但在本建筑中，跨度达到12m，板厚为400mm，内芯管(GBF管)直径为280mm，必须经过特殊处理控制其变形及裂缝以满足规范要求。由于芯管（GBF 管）在管径为 280mm 时，加工质量难以控制，而且至今还没有具体有关现浇无梁空心板的施工规范，施工质量难以把握，因此不一定能充分发挥其结构优势。

(3) VE 的提出

首先，本工程设计的 12m 大跨度楼板结构能够提供大面积无内柱空间，有利于办公面积的任意分隔，提高建筑面积的利用率，但给大跨度的结构设计带来一定难度，工程结构计算复杂，工作量较大。

其次，对原方案的计算显示，本工程楼板及梁的造价为 472.6 元/m^2，而一般的梁板结构造价为 150～300 元/m^2，类似工程梁板造价为 250～350 元/m^2。所以，采用该方案成本过高。本项目决定组织人员组建 VE 小组，以价值工程原理为指导，对多种方案进行技术经济分析和研究。

2. VE 研究的组织

图 3-42 所示为软件园综合大楼项目 VE 研究的组织结构图。VE 研究是在该项目管理单位的组织下进行的，不但项目管理部人员担当 VE 经理，而且项目部很多人员也参与了 VE 的研究。

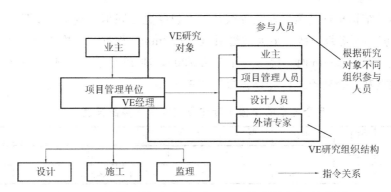

图 3-42 软件园综合大楼项目 VE 研究的组织结构图

3. 方案的提出

(1) 梁的方案

本工程纵向为弧线形，梁以折线形式连续放置，不适合用预应力先张拉，先张法工艺比较复杂，不能满足施工要求，只能采用横向后张法预应力梁。

(2) 板的方案

适合大跨度的楼板有现浇空心板、双向密肋板、单纵向密肋板、单横向密肋板和井字梁及与其相适合的梁作为候选板型。双向密肋楼板中肋宽度不同，对技术及造价有很大影响,因此提出两种双向密肋楼板和两种井字梁方案,总计 8 个候选方案,如表 3-34 所示。

候选方案表(mm)　　　　　　　　　　　　　　　表 3-34

方案	板名称	板厚	板下梁(肋)间距或区格	板下梁(肋)断面宽×高	纵向主梁断面宽×高	横向主梁断面宽×高
F1	现浇空心板	400			400×1200	800×400
F2	SP 板	300			400×850	400×850 预应力
F3	双密肋板(一)	100	1200×1200	[(125+284)/2]×500	400×850	400×850
F4	双密肋板(二)	100	1200×1200	[(185+344)/2]×500	400×850	400×850
F5	单纵向密肋板	100	1500	250×600	400×850	400×850 预应力
F6	单横向密肋板	100	1200	250×750	400×1200	250×750
F7	井字梁板(一)	100	2000×2000	250×700	400×1200	400×850 预应力
F8	井字梁板(二)	100	2000×2000	250×700	400×1200	400×850 预应力

注:F3、F4 方案的板下梁(肋)断面宽×高指:[(板下肋的上宽+板下肋的下宽)/2]×高。

4. 方案选择

(1) 挠度及裂缝计算

根据"结构构件的裂缝控制等级及最大裂缝宽度限值"规范,按照环境类别一级,裂缝控制等级三级,最大裂缝限值取 0.3mm。根据"结构受弯构件挠度限值"规范,在 $L_0>9m$ 时,挠度应小于 $L_0/300$,即 $12000/300=40$。对 8 个方案的楼板挠度和裂缝变形进行计算,数据如表 3-35 所示。

8 个方案的楼板挠度和裂缝变形计算结果表　　　　表 3-35

楼板	F1	F2	F3	F4	F5	F6	F7	F8
挠度(mm)	90		46	29	32	37	30	36
裂缝(mm)	<0.3	易产生裂缝	<0.3	<0.3	<0.3	<0.3	0.5	0.8

(2) 经济计算

按定额规定,计算出的工程量和 8 个方案的经济指标如表 3-36 所示。

8 个方案的经济指标表　　　　　　表 3-36

方案	单价(元/m²)				板及板下梁材料用	
	合计	板及板下梁	框架梁	预应力	钢筋(kg/m²)	混凝土(m³/m²)
F1	477.57	374.3	103.27		30.8	0.224
F2	462.22	325.22	109.73	27.78	板+6.3	板+0.08
F3	397.12	283.07	114.05		23.97	0.223

续表

方案	单价(元/m²)				板及板下梁材料用	
	合计	板及板下梁	框架梁	预应力	钢筋(kg/m²)	混凝土(m³/m²)
F4	444.52	330.47	114.05		28.4	0.256
F5	344.09	206.58	109.73	27.78	16.35	0.166
F6	391.35	267.9	123.45		22.55	0.212
F7	430.58	262.95	139.85	27.78	22.08	0.209
F8	400.05	232.42	139.85	27.78	19.23	0.187

(3) 方案分析

1) F1：现浇空心板（原设计方案）

特点是不采用预应力梁，施工速度快；梁板高度小，房间净高大；暗梁形式，屋顶比较美观，可以不做吊。但 GBF 管制作及施工质量难以控制，且楼板挠度超出规范。在8个方案中本方案钢筋用量最多，造价也最高。

2) F2：SP 大板方案

该方案梁楼板变形计算显示，很容易产生裂缝，不能满足设计规范，且板的形状为弧梯形（图 4.4-1），采用预制 SP 大板吊装施工，会有一些异形板，施工时要对板编号，施工难度大。要增加 9cm 高度用于水电管线，还要浇灌混凝土垫层，施工繁琐，而其造价排第二，也不经济。

3) F3、F4：双密肋板方案

用模壳进行施工双向密肋板，我国建筑模壳没有标准化，模数不统一，模壳费用较高。纵向两根大梁高度为 0.85m，暖气、喷淋、风管所占高度至少 0.7m，除去顶板厚度 0.08m，地下室净高为 3.9−0.08−0.85−0.7＝2.27m，稍低；若将地下室地面降低 0.1m（减少地面垫层厚度），则层高变为 3.9m，净高 2.37m 满足使用要求。这两种肋形的双密肋板，F3 方案的肋下边宽 125mm，上边宽 284mm，F4 方案的肋下边宽 185mm，上边宽 344mm。F3 方案的钢筋及混凝土用量虽都少于 F4 方案，造价排第六位，但 F3 方案计算挠度为 46mm，超出设计规范，需要技术处理就增大成本；而 F4 方案造价排第三位，也比较高。

4) F5：单纵向密肋板方案

结构计算显示能满足规范的各种技术要求。与 F3、F4 方案同样需将地下室地面降低 0.1m 以满足使用要求。F5 方案可以在下一层楼板及梁完成施工后，不必等到混凝土达到张拉强度可先施工上部的墙体及梁板，等到混凝土达到张拉强度再进行张拉预应力梁施工，这样预应力张拉施工并不在关键线路上，不占用工期。本方案是 8 个方案中钢筋和混凝土用量最节省的方案，造价排在第八位，最低。

5）F6：单径向密肋板方案

纵向两根主梁高 1.2m，为保证窗子高度，上部的两根主梁可以上翻 400mm，主梁在板下的高度为 800mm，可以满足使用要求。地下室梁板中的暖气、喷淋、风管所占高度至少 0.7m，除去顶板厚度 0.08m，地下室净高为 3.8－0.08－1.2－0.7＝1.82m，此值远小于使用要求允许值，增加层高显然不经济，因此地下室顶板不宜采用此方案。F6 方案造价虽排在第七位，但钢筋和混凝土用量、造价均比 F5 方案高得多。

6）F7、F8：井字梁板方案

纵向两根主梁高 1.2m，同 F6 方案一样不适合于作为地下室顶板。其板下梁取 250mm×700mm，当间距为 2m 和 2.4m 时，由结构计算裂缝变形不能满足设计规范。这两种方案的造价排在第四、第五位，也不经济。

5. 方案选择

综合比较来看，F5 方案采用单纵向密肋板及单横向预应力梁，结构安全可靠，施工质量易控制，最经济节省，为应选方案。F5 方案与原方案 F1 比较：

（1）工程质量

原方案的楼板挠度 90mm，不能满足规范要求，施工质量难以控制；F5 方案满足技术规范要求，施工技术成熟，质量可以得到保证。

（2）造价

F5 方案地下室层高由 3.8m 增加为 3.9m，增加费用仅约 10 万元。按楼板面积 110000m² 计算，原方案楼板造价为 477.57×110000＝5253.27 万元，F5 方案楼板造价为 344.09×110000＝3784.99 万元，可节约 5253.27－3784.99＝1468.28 万元。

（3）工期

所选方案应用横向预应力梁，增加主体施工工期，但与装修进行搭接施工时并不影响整个工程的工期。

小结

本案例以楼板为研究对象，从功能/成本的角度分析采用何种楼板为最佳方案。从案例中可以看出，价值工程的核心是对产品进行功能分析，在满足功能的基础上寻求成本的最低，且应将价值、功能和成本作为一个整体同时进行考虑。

一般而言，价值工程可按如表 3-37 所示的工作程序展开。

价值工程的工作程序　　　　　　　　　　　表 3-37

价值工程的工作阶段	工作步骤		对应问题
	基本步骤	具体步骤	
一、分析问题	1. 功能定义	(1) 选择对象	(1) 价值工程的研究对象是什么？
		(2) 搜集资料	
		(3) 功能定义	(2) 这是干什么用的？
		(4) 功能整理	
	2. 功能评价	(5) 功能分析及功能评价	(3) 它的成本是多少？ (4) 它的价值是多少？
二、综合研究	3. 制定创新方案与评价	(6) 方案创造	(5) 有无其他方法实现同样功能？
		(7) 概括评价	
		(8) 指定具体方案	
三、方案评价		(9) 实验研究	
		(10) 详细评价	(6) 新方案的成本是多少？ (7) 新方案能满足要求吗？
		(11) 提案审批	
		(12) 方案实施	
		(13) 成果评价	